经典 历史

中国历史上的六次民族大融合

李默 / 主编

广东旅游出版社
GUANGDONG TRAVEL & TOURISM PRESS
悦读书·悦旅行·悦享人生

中国·广州

图书在版编目（CIP）数据

中国历史上的六次民族大融合 / 李默主编 . — 广州
: 广东旅游出版社 , 2013.10（2024.11 重印）
　　ISBN 978-7-80766-656-1

　　Ⅰ . ①中… Ⅱ . ①李… Ⅲ . ①中华民族—民族历史—
通俗读物 Ⅳ . ① K28-49

　　中国版本图书馆 CIP 数据核字 (2013) 第 221345 号

出 版 人：刘志松
总 策 划：李　默
责任编辑：何　阳
装帧设计：盛世书香工作室　腾飞文化
责任校对：李瑞苑
责任技编：冼志良

中国历史上的六次民族大融合
ZHONG GUO LI SHI SHANG DE LIU CI MIN ZU DA RONG HE

广东旅游出版社出版发行

（广东省广州市荔湾区沙面北街 71 号首、二层）
邮编：510130
电话：020-87347732（总编室）020-87348887（销售热线）
投稿邮箱：2026542779@qq.com
印刷：三河市嵩川印刷有限公司
　　　（河北省廊坊市三河市杨庄镇肖庄子村）
开本：650×920mm　16 开
字数：105 千字
印张：10
版次：2013 年 10 月第 1 版
印次：2024 年 11 月第 3 次印刷
定价：45.80 元

出版者识

  《了解历史丛书》是一部全景式图文并茂记录中国文明历史的大书。出版者穷数年之力，会集各方力量——专家、学者、编辑、学术顾问们，在浩如烟海的历史档案、资料、著作中，探珍问宝，追寻中华文明在悠悠历史长河中的灿烂之光。此书的出版，凝聚了编撰者的心血，学术顾问们的智慧。尤其是李学勤先生，亲自动笔写下了序言，更增加了本书沉甸甸的分量。

  中华文明的历史充满了辉煌与苦难，成就和挫折。它的历史无处不在，决定着我们中国人今天的思想和感情。当今的中国和中国人是中华文明的历史造就的，是中华文明的历史的延伸，也是它的一个组成部分，中华文明的历史之河奔流到现在。

  中华文明是人类历史上最伟大的文明之一，是人类文明发展的主要构成。中华文明丰富、深刻、辉煌、博大，在人类文明中的骨干作用和领导作用人所共知。在人类文明的发源时期，中国就是四大古国之一，是地球上文化的策源地之一。在人类文明的早期，中华文明已成为文明在东方的支柱，公元前后 200 年间，人类的汉帝国与罗马帝国这两只铁手攫住了地球。在欧洲进入中世纪的时候，中华文明更成为了人类文明最主要的领导，它的文明统治东亚，传遍世界。进入近代，中华文明处于自身的重压和西方的欺凌下，但中国人民的斗争史和奋起精神是人类文明历史中不可缺少的一页。

  五千年的中华文明为人类贡献出了从思想家孔子到科学技术的四大发明、从唐诗宋词到长城运河的伟大创造，贡献出了从诸子百家到宋明理学，从商周铜器到明清文学的深刻内涵，也贡献出了从五霸七强到三国纷争、从文景之治到十大武功的辉煌历史。中华文明的历史绚烂多彩，在人类文明的历史长河中永放光芒。

  中华文明也是人类历史上最独特的文明，没有哪一个文明像中华文明这样持久，这样统一一致。世界上其他文明不但互相交错，其创造者也都与高加索人种有关，它们是姐妹文明。在人类历史中，只有中华文明才是独特的，它的创造者是中国土地上的中国人民，与其他任何地方的人民都没有关系，它的文化是统一一致的文化，可以不依赖于其他任何文明而生存，但中华文明也绝不是封闭的，它接受他人的文化，也承担自己对于人类的责任。

  人类进入新世纪，中国的社会经济发展令世人瞩目。人们对于世界未来的政治和经济结构的估计无不以东亚和太平洋为中心，而尤以中国为重点。

经济起飞只是当代中国的一个方面，中国的精神文明的建设尤为刻不容缓。如果中国要自觉地发展中华文明，要有意识地使中国的发展具有世界意义，就必须发展强有力的精神文化，这样才能使中华文明的发展进入一个新的阶段，才能形成中国和中华文明的全面现代化。

而中国的精神文化的发展植根于中华文明的伟大传统之中。进入近代之后，在西方文化的冲击下，对于中国文化的价值产生大量的情绪化和激烈冲突的论调。"五四"运动"打倒孔家店"的口号具有冲破封建束缚的时代意义，对中国文化的发展有不容否认的正面意义，与文化虚无主义是完全不同的。文化虚无主义者否定中国传统文化，在现代化的旗帜下主张全盘西化；而复古主义则沉迷于中国文化的古董，走进反进步、反科学的泥潭。

历史的发展则超越了所有这些论点，产生这些论调的一百多年来的中国近代史已经结束。历史要求中国发展，要求中国走在全世界发展的前列。西化论和复古论都已过时，历史已经要求世界超越西方，中国可以承担起世界的命运，而中国的现实和世界的历史都说明，中国的使命在于它的发展前进，而非倒退。

中华文明走出迷惘的时代，我们这一代处在一个伟大而具有挑战的历史阶段。

总结历史、展望未来，这就是《了解历史丛书》的意义和使命。我们创作《了解历史丛书》，力求总结和回顾中华文明的全貌，在内容和形式上都开创一个新的局面。在内容结构上，既具有一定的深度，又具有相当的广博性，既有严谨、准确的学术价值，又有活泼、流畅的可读性。我们在本丛书内容纳了中华文明的各个方面，使它综合了大规模学术著作的系统性、严密性和普及读物的全面性、简易性，它既可作为大型工具书检索中华文明的各个成分，又可作为通俗的读物进行浏览。

我们从上世纪90年代初起就开始思考中华文明的历史和现实问题，并逐渐形成了编著《了解历史丛书》的设想。在开展这项庞大的文化工程之始，我们就聘请了国内权威学者李学勤、罗哲文、俞伟超、曾宪通、彭卿云诸先生担任学术顾问，他们对计划作了充分讨论，并审阅了大量初稿。我们聘请了广州、香港地区的社会科学学者、大学教师、研究生以及我社编辑人员几十人担任稿件的撰写工作。

通过创作这部书，我们深深地感受到了中华文明的博大精深，也感受到了它的内在缺陷。中华文明具有辉煌的时期，也有苦难的年代，有它灿烂的成就，也有其不足的方面。中华文明在自身中能够吸取充分的经验和教训，就能够使自身健康壮大，成长发展。

通过创作这部书，我们也深深感受到了出版事业的使命和重任。我们希望这部书能受到广大读者的喜爱，起到它所应当起的作用。为中华文明的反省、前进和奋起作一点贡献。

目　录

祖先传说

　　神话是上古人民根据自己的想象对自然事物，包括人类自身的起源的虚构，而祖先传说则是他们对自己历史的改造。与创世神话的几乎纯粹的创造性不同，祖先传说有相当的依据，不管其中的人物和事件是否是真实的，因为祖先传说产生于历史，又往往以人民中流传的东西为依据，所以往往在某种程度上有一定的历史意义，反映了远古历史的某一方面。

　　来源于烈山氏部落的神农被传说为中国农业的发明者，他发明了农业工具和水利措施，遍尝百草，认识了植物特性。

　　而在中国历史上影响最大的还是黄帝，他是少典氏之子，在神农氏的末

东汉月神羽人画像砖

世出现，统一华夏各部落，在统一过程中与他的同母异父兄弟炎帝进行了长期战争，尤以对炎帝后裔蚩尤的战争为剧，蚩尤制作兵器攻打黄帝，黄帝派应龙到原野抵御，双方招来各路神怪，调动了风雨雷电，蚩尤作成大雾，黄帝命风后作指南车冲出大雾，最后俘虏蚩尤。

　　黄帝一族当生活在姬水一带，与姜水一带的炎帝族世代通婚（传说炎帝是黄帝的同母异父兄弟），夏人、周人都是其后代。黄帝曾与炎帝长期争夺统治权，最后黄帝得胜。统一华夏部落后的黄帝成为华夏民族的宗祖，"炎黄子孙"成为后代华夏人民的称呼。

黄帝像

黄帝的后代颛顼成为黄帝的直系继承人，是黄帝之后华夏人民最重要的领导人，传说他曾重新安排神与人的职司，断绝天地神人的联系，而使自己具有沟通天人的特权，他的专横统治引起了炎帝的后裔共工的不满，起而反抗，争夺帝位，"怒而触不周之山，天柱折，地作绝"，天倾向西北，地在东南坍陷。共工由此成为正统历史中的反面角色。

殷商民族的祖先帝俊又称帝喾，是个神话与历史传说合一的人物。他有两个妻子，羲和生了十个太阳，常羲生了十二个月亮，传说中他的另外一个妻子生了三身国，他有五彩鸟作朋友。

周人的祖先是后稷，他的母亲姜原是帝俊的王妃，践巨人足迹而怀胎，生下后稷后因为不祥而弃之，但后稷不死，长大后开创农业，开始周国。

经儒家推崇而地位崇高的尧、舜、禹是夏代建立之前最后的重要传说人物，尧是个道德勋业彪炳的典型圣王，他禅让给舜，舜完成了任用八元、八恺，放逐四凶的事业，并任命禹治水。禹完成了父亲鲧未完成的治水大业，划分九州、奠定三川，他的儿子启结束禅让制，建立夏，开始了奴隶制国家的时代。除了这些声名显赫的领导人物，还有一些传奇人物，具有更多的神话色彩。夸父是炎帝后裔，意图追上西去的太阳，到达禹谷。夸父因长途追逐而狂饮，河、渭不足，只好北去大泽，渴死于半途。尧时十日并出，盗贼、野兽、怪物横行天下，羿射中九日，杀灭凶害，但被其徒弟嫉才杀害。他的妻子嫦娥偷了他从西王母处得到的不死药，飞入月亮，化为蟾蜍。

三皇五帝构成了中国神话的或传说的历史系统，三皇五帝的构成在各代有不同说法，但具有相同的特点。三皇都是创世神话中的神人，或是史前人类生活方式的象征，女娲是人的创造者，有巢、燧人、伏羲是先民的代表。而五帝诸人主要是父系家长制部落联盟时代的杰出人物，有一定的历史意义，从炎黄到尧舜禹可能都是人民口耳相传的历史人物。

中国创世神话和祖先传说都缺乏系统性，大都散见于典籍之中，先秦的《左传》《国语》，特别是《楚辞》；汉的《淮南子》《史记》，特别是《山海经》中，都有关于神话和传说的大量材料，但都构不成体系，也互相矛盾。

一方面，中国古代神话发育不健全，或是在历史上失传，神话只在《楚辞》、《山海经》等著作中零乱地保存着，不但有些只有名字和简单描述，故事和渊源语焉不详，并且往往都经过改造，《山海经》中保存的神话已很难看出原貌。关于中国古代神话不发达的原因和性质有很多争论，还没有定论，但事实上是，中国古代神话是不健全的。

黄帝陵。在陕西省黄陵县城北桥山。《史记·五帝本纪》载："黄帝崩，葬桥山。"

另一方面，中国祖先传说有着一个明显的积累的过程，并非完全是先民史实的流传，先秦史籍中只有关于夏商周始祖的朴素传说，而在春秋战国时代，炎黄、颛顼以及六国始祖才开始出现，各族谱也才开始完整，战国诸子按照自己的哲学提出了二帝三王、五帝、七十九代之君以及五帝三王的系统。

　　神话与传说在上古人民中并非自觉的艺术创作，而往往是人们根据自己的生活环境和技术水平产生的对自然与历史现象的理解。在新石器时代中晚期，母系社会全盛于黄河、长江流域，而真正中国特色的文明也从此时产生，于是女娲等女神被创造出来；而进入父系氏族社会后，部落联盟和部落战争成为社会活动的中心，黄帝、炎帝、蚩尤、共工等带有半神话色彩的历史人物成为传说的中心。与原始人民的巫术、万物有灵、图腾崇拜、神话思维相适应，这些神话和传说充满了幻想色彩，但更多的是人类当时生活状态的写照，神农、有巢是如此，洪水神话更是如此。

周王室东迁·东周开始

　　周平王元年（前770年），犬戎之乱后的周都镐京残破狼藉，而且靠近西戎，于是新即位的周平王决定迁都，在晋文侯、秦襄公、郑武公、卫武公等诸侯的护送下，周王室东迁于雒邑（今河南洛阳），此后的周王朝就称为东周。东迁之后的周王朝迅速丧失了作为王室的权威，基本上不能再控制诸侯，其势力范围局限于以雒为中心的方圆不过六百余里的区域，实力在中等诸侯之下。伴随着其政治、军事权威的丧失，以周王朝为标志的西周礼制、法制和文化制度迅速崩溃，诸侯不再听命于周天子，任意攻伐，中原陷于混战局

春秋前期水兽面纹盉。越青铜文化中仿铸中原产物。

春秋前期鲁侯鼎

春秋前期曾伯文𥂖

面，以军事实力争取政治、经济利益成为政治的主要目的和手段。同时，礼崩乐坏，周王室不再能享有独占九鼎、巡狩天下的特权，而诸侯，甚至卿大夫超越本分冒用天子礼制的事时有发生。

周礼制和政治统治在东周的崩溃迅速改变了中原政治和文化的格局，西周的专制、单调的政治结构结束，各种地方势力、各个阶层突破桎梏，竞相发展各自的势力，天子与诸侯之间、诸侯与大夫之间、父与子之间、兄与弟之间展开了激烈的斗争，各种势力都得到了发展，使中国的政治、经济面貌发生了很大变化。而礼崩乐坏也促进了文化的繁荣，一进入东周，西周青铜器铸造在样式、花纹、铭文格式、文字风格上的大致统一就被打破，出现各种地方风格，春秋战国文化迅速繁荣。

周王室东迁，东周的建立就是从西周政治和文化的专制、沉寂向春秋战国的政治和文化的自由、繁荣的过渡标志，而周王室的衰微也是这一转机的必要条件。

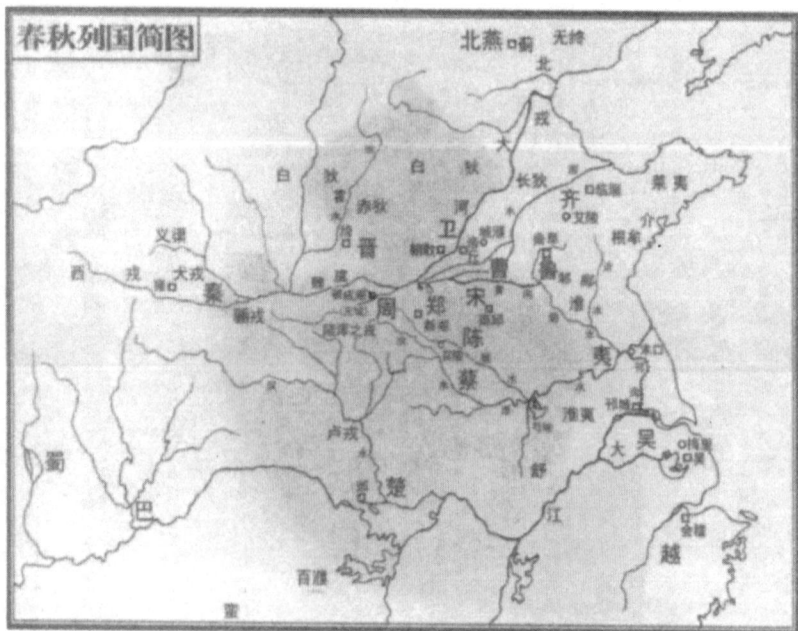

春秋列国简图

《春秋》纪事结束战国时代开始

《春秋》为我国最早一部编年史著作，其记事上起鲁隐公元年（前722年），下迄鲁哀公十六年。其中鲁哀公十四年（前481年）以前据传为孔丘据鲁史改编而成，以后两年为其门人续作。《春秋》以鲁十二君（隐、桓、庄、闵、僖、文、宣、成、襄、昭、定、哀）纪年，共记244年史事。

进入战国时代之后，中国文明在行为、生活方式、科学与艺术形象上更加丰满、深刻，也具有更多的联系性。

表现在政治上，在这一时期中，战国七国确定了形象，战争主要以联盟，而不是以个体的方式进行，各地域人民的性格开始定型，它们的分化组合构成主要的政治格局。

三家分晋一般被作为战国文明进入战国时代的标志，这是战国文明前期最后一次重要分化，在这以后就只有兼并了。春秋战国时代的兼并形成了战国后期七个主要国家并立的局面。它们之间的战争和联盟是中国在那个时代的主要内容。

春秋以来的个体化发展使得七国人发展出了各自不同的性格。秦人具有边远游牧民族朴实、坚强、重实利的性格，他们的耕战使得他们力量最为强大。另一方面，他们却是最正统的中国人，他们的文字风格继承了西周的标准字体，他们的石鼓文保持了周代诗歌的风色。他们有实干精神、坚毅品格，但文明创造力的缺乏是突出的。

楚人带有一些边远民族的特色，但更多的是诡异、华丽和神秘的南方色彩，楚国人的绘画、神秘宗教以及楚国的诗歌都是如此。中国的神话和占星、巫术主要来源于楚和南方各民族。但那时的楚人和晋东渡以后的江南人的柔

战国时期形势图

媚毫无关系，他们多的是壮烈、奇谲的色彩。

齐鲁由古代文化中心变为一个没落的小国，有一股破落户的味道，与伯罗奔尼撒战争后的雅典近似，教养高而意志消沉，它培养了稷下学派。

燕赵自古多壮士，但它的壮士是古典的，英雄主义的，根本无法抵挡军国主义的和高度组织化的平庸的秦国士兵，正像浪漫主义悲剧英雄项羽不能战胜精明的政客刘邦。潇潇易水河畔的悲歌只能使后人徒然叹息。

中原各国在很多方面继承了东周的遗产，有一种中央意识，但更多的是机会主义，在夹缝中左支右绌。

战国时代的政治仍是各国之间的征战，但出现了联合的明显趋势。合纵、连横就是其中的显著代表，联盟作战有了比春秋松散联盟更重要的意义，并最终走向统一。

战国时代的个人人格的发展也是更为丰满的，战国军事家、政治家、说士纵横于政治舞台上，商鞅、伍员、子路、屈原、聂政、荆柯、项羽、田横……都用自己的人格发展并为我们展示了人的生命。

楚占江淮以北·国势复盛

春秋时代的强国楚国在春秋晚期被新崛起的吴国打败，但吴、越战争减轻了楚国的外来压力。周元王四年（前 473 年），越灭吴，楚由此解除来自吴的威胁，国力开始复兴。

周定王二十二年（前 447 年），楚攻灭蔡国。蔡国是周初所封的重要诸侯国，一直是楚、晋等大国争霸的中间地带，蔡被楚灭，楚国势力上升。此后，蔡侯齐虽然逃亡在外，但再也没有能够复立蔡国。

周定王二十四年（前 445 年），楚攻灭姒姓的杞，同时又与秦国修好关系，继续扩展疆土。越国灭吴国，但未完全控制江、淮以北地区。楚惠王看有机可乘，于是派兵东征，向东扩展领土以至泗水以上，尽占有江、淮以北地区。

楚国这一系列的扩张成功使楚国恢复为有影响力的一个大国，国势复盛。

战国前期楚王镈辛會

魏取河西

　　河西地区（今陕西、山西间的黄河南段以西、陕西省境内的北洛水以东的地区）是秦、魏两国在战国前期争夺的焦点。在魏文侯中期，魏国力最迅速增强，向四边扩展，主动对秦作战，不断向河西渗透。周威烈王七年（前419年），魏筑少梁城（今陕西韩城西南），秦于次年夺去，并在黄河边修筑了防御工程。魏攻势不减，于周威烈王九年（前417年）夺回少梁。周威烈王十四年（前412年），魏文侯派其子击率军围攻繁庞（在今陕西韩城东南），攻陷城池，逐走秦人。周威烈王十七年（前409年），魏伐秦，大胜，筑临晋（在今陕西大荔东南）、元里（在今陕西澄城东南）二城。周威烈王十八年（前408年），魏继上年取秦临晋、元里后，又夺取秦国洛阴（今陕西大荔西）、郃阳（今陕西洛阳东南）等城。魏国用两年时间陆续攻取秦河西之地，在战略上具有重要意义。魏国在此设立河西郡，筑城护守，以吴起为河西守。魏国将河西郡视为插入秦国领土内的一把利剑。秦国只能退守洛水（今陕西省北部），沿河修筑防御工程，建重泉城（今陕西蒲城东南之重泉村）固守，与魏军对峙。

秦灭赵

秦庄襄王三年（前247年），秦攻取赵国晋阳。庄襄王死后，晋阳反叛。秦王政元年（前246年），将军蒙骜平定晋阳。之后，连续攻赵，夺取多座城池。赵派将军李牧在肥（今河北石家庄东南）迎战，秦军败退。秦王政十五年（前232年），秦发兵攻赵，取狼孟，攻番吾，李牧率领军队将其击退。秦王政十八年（前229年），秦大举攻赵，王翦率上党兵，攻下井陉。并包围邯郸，赵派大将军李牧、将军司马尚抵御，秦用离间计，赵王诛杀李牧，免去司马尚，以赵葱、颜聚取代领兵。次年，王翦大破赵军，攻克邯郸，俘获赵王迁，赵国亡。赵公子嘉率宗族数百人，逃到代，自立为代王，与燕合兵攻秦。二十五年，秦将王贲灭燕，攻代，将代王嘉俘获。代也灭亡。

战国大府镐。口沿外壁有铭文九字，记器为大府所造。为楚幽王用器。

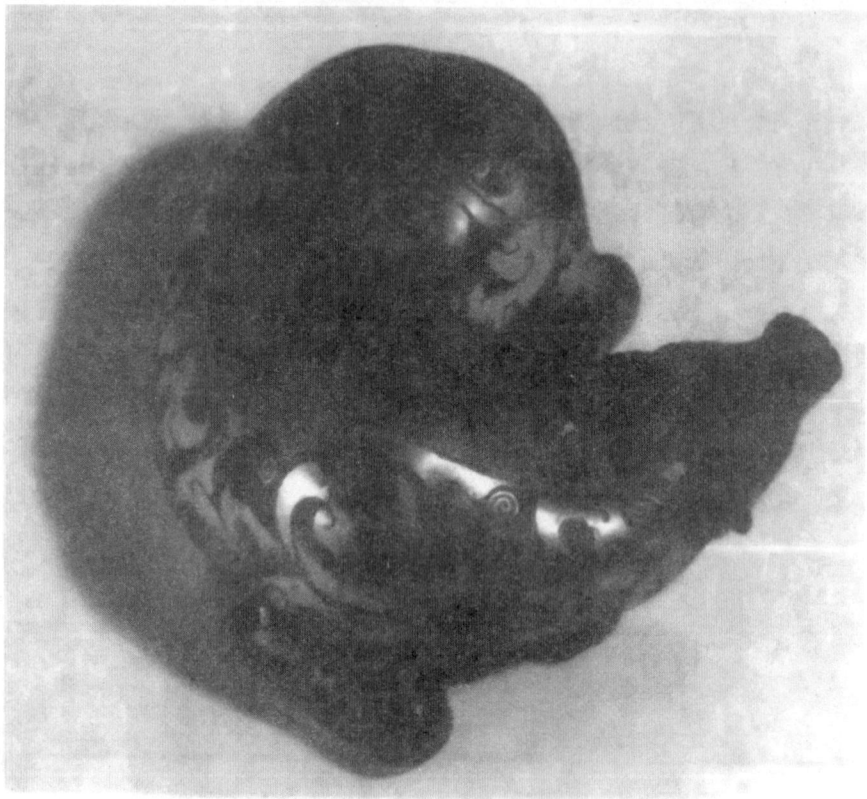

战国大腐卧牛。腹下有铭文"大腐之器"四字。为楚王太府宝器。

秦灭楚

秦王政元年（前246年），楚与诸侯联合攻秦，不成，退兵。楚都城东迁寿春，叫郢。二十一年，秦已灭韩、赵并破燕，命王贲率军队攻楚，攻战10余城后。秦王想一举灭楚，使李信、蒙恬率兵20万攻楚。李信率兵攻平舆，蒙恬攻寝，大破楚军。李信又攻破鄢郢。二军在城父（安徽亳县东南）会合，楚人追秦军三日三夜，大破李信军，杀死七个都尉，秦军败退。

秦王亲自赴频阳，请求老将王翦为将。王翦请出兵六十万，秦王答应了他，王翦出兵，秦王送至灞上。临出发时，王翦向秦王请求赐封很多良田、宅第园池等；在即将出关时，又五次派人请求封赐。有人认为这是乞贷过分，王翦则说，秦王多疑，现在以举国之兵委任于我，应当请美田以为子孙后代基业；随即率兵出关，楚人得知秦兵到来，用国中强兵抵御，王翦坚持不肯战，无论楚兵怎样挑衅，都不出兵。命令兵卒休息，每天款待美食。等到认为士卒可用时，才与楚军交战，而楚见秦军不迎战，向东撤退。王翦率军追击，大破楚军，追至蕲南，杀楚将军项燕，楚兵败退。秦乘胜追击，夺取楚城邑，一年后，掳获楚王负刍，改楚地叫郡县，楚亡。

秦灭魏

秦王政三年（前244年），将军蒙攻魏。五年，攻战酸枣、燕、虚、正平、雍丘等二十余城。九年，秦将杨端和伐魏、攻取衍氏。十六年，魏妥协，献地于秦。二十二年，秦将王贲攻魏，引河水灌魏都大梁，大梁城坏，魏王投降，秦灭魏。

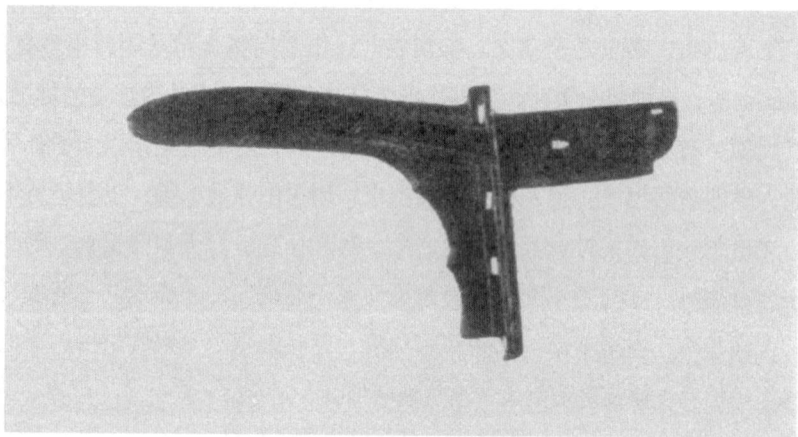

战国燕王职戈。胡上有铭文六字，记此戈系燕王职所作，为其御司所用。

秦灭燕

秦王政二十年，燕王喜二十八年（前227年），燕太子丹派遣荆轲刺杀秦王失败。秦王大怒，发兵增援原已屯军中山待命攻燕的秦军，令王翦、辛胜为将，大举伐燕。燕军与代王嘉的部队联合抗秦，在易水以西被击败。次年，秦王又发兵增援秦将王翦军。王翦一鼓作气，再次击败燕军，攻克燕国都城蓟（今北京），燕王率兵徙居辽东，献太子丹之首。秦王政二十五年（前227年），秦派王贲为将，率兵攻燕辽东，俘获燕王喜，灭燕国。

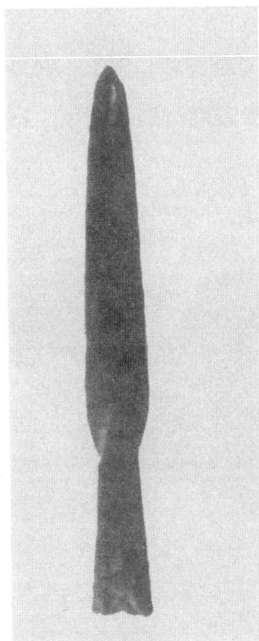

郾王喜矛。战国时最后一位燕王喜自用兵器。

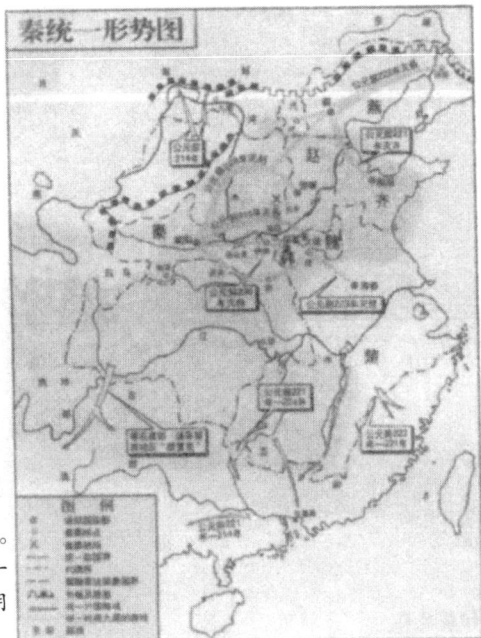

秦统一形势图

秦始皇开创帝制

秦始皇二十六年（前221年），秦消灭六国，统一全国，嬴政更改名号，称始皇帝，开创了帝制。

嬴政认为自己德迈三皇，功过五帝，继续称"王"不足以称成功，于是命令臣下议帝号。丞相王绾，御史大夫冯劫、廷尉李斯等人认为："古有天皇，有地皇，有泰皇，泰皇最贵。"因而尊称嬴政为"泰皇"。嬴政不满，于是把"泰"字去掉，取"皇"，采用上古时"帝"位号，称"皇帝"。又下令取消谥法，自称"始皇帝"，后世依次为"二世、三世至于万世，传至无穷"；皇帝自称"朕"，大印称"玺"，命称为"制"，令称为"诏"。

始皇二十六年（前221年），丞相王绾请封诸皇子为燕、齐、楚王，得到群臣的赞同。廷尉李斯力排众议，主张废除分封制，全面推行郡县制度。秦

秦阳陵虎符

秦陶量。秦代度量衡器。

始皇接受了李斯的建议，把全国分成三十六郡，以后又陆续增设至四十余郡。中央集权的制度从此确立。

秦始皇以战国时期秦国官制为基础，建成一套适应统一国家需要的新的政府机构，即三公九卿制及郡县制。在这个机构中，中央设丞相、太尉、御史大夫。丞相有左右二员，掌政事。太尉掌军事，不常置。御史大夫是丞相的副掌图籍秘书，监察百官。丞相、太尉、御史大夫以下，是分掌具体政务的诸卿。

地方行政机构分郡、县两级。郡设守、尉、监（监御史）。郡守为郡长官。郡尉辅佐郡守，主管兵事。郡监司监察。县，万户以上者设令，万户以下者设长。县令、长领有丞、尉及其他属员。郡、县主要官吏由中央任免。县以下有乡，乡设三老掌教化，设啬夫掌诉讼和赋税，设游徼掌治安。乡下有里，是最基层的行政单位。里有里典（后代称里正、里魁），以"豪帅"即

秦两诏文空心铜权

强有力者为之。此外，还有司治安、禁盗贼的专门机构，叫做亭，亭有长。两亭之间，相距大约十里。

早在秦献公十年（前375年），秦国就建立了以"告奸"为目的的"户籍相伍"制度。秦王政统治时期，户籍制度趋于完备。始皇三十一年更"使黔首自实田"，即令百姓自己申报土地。土地载于户籍，使国家征发租税有了主要依据。

秦始皇统一六国以后，以秦律为基础，参照六国律，制定了全境通行的法律。秦律经过汉朝的损益，成为唐以前历代法律的蓝本。

秦统一了度量衡。前221年，秦始皇颁布"一法度衡石丈尺"诏书应录，规定依秦制划一全国度量衡标准，度量衡器由官府遵诏书负责监制，民间不得私造。凡制造度量衡器，皆需铸刻诏书全义。结束了战国以来度量衡制不一的局面。同时，诏书规定了田亩制度，也结束了田畴异亩的现象。

秦下令废除秦以外通行的六国刀、布、钱及郢爰等。秦制定币制，统一货币，以黄金为上币，以镒为单位，重20两，铜币为下币，重半两，规定珠、玉、龟、贝、银、锡等物只作器饰珍藏，不能充作货币。金、铜货币成为行通全国的法定铸币。

秦始皇还采用了战国时期阴阳家的终始五德说，以辩护秦朝的法统。秦得水德，水德尚黑，所以秦的礼服旌旗等都用黑色；与水德相应的数是六，所以符传长度、法冠高度各为六寸，车轨宽六尺，与水德相应，历法以亥月即十月为岁首，等等。秦设立了中国文明的帝制典范。讲中国历史，绝不能不讲秦，秦的制度决定了汉（甚至魏晋）的文明形式。

秦确实是个暴政王朝，它给当时的人民带来了巨大的苦难，但在文明的发展上，秦作出的贡献比它带来的灾难要多。秦在政治和社会上是战国文明绝对化的阶段。汉代，甚至我们今天所使用的文明形式很多来自秦代。

秦的行政制度是中国历史上最大的进步之一，郡县制和废除分封、消灭六国贵族和大工商业主有相当的进步意义。秦的帝国体制是中国社会结构的一大进步，中国文明从此进入了先进的文官制时代，这个时代到现在还未结束。

秦的官营手工业是将工商业专制化，但也是将它工程化，秦汉文明在经济上的高度发达（在当时世界上首屈一指）很大程度上归功于它。

秦的书同文、车同轨、行同伦、统一度量衡不只是专制，更是文明的绝对化，这些文明形式统一于一个形式之中。

这一点在文字上更明显，秦统一六国文字不是个简单的一致化，也是一个升华：小篆是一个古典典范。实际上，在秦代，隶化倾向已经出现，各国手写体也互相靠拢。但秦的官方文字，特别是作为标本颁出的文字小篆在形式上达到一种高度的形式化，它的平直圆的字体和匀称的结构在今天也很少能有人写得好。它如同一切古典典范一样，在形式上达到了绝对化，从而与一般实用的字体区别开来。在今天，小篆也是用作表示官方、法定意义的古典主义字体。

秦的艺术具有中国文明古典典型的特征。它的宫室（例如阿房宫）、陵墓已不可见，长城则在今天也还被作为中国的象征，这是雄浑品格的见证，它表现了这一时期艺术形式的绝对性和力量的宏大性。

至于当代才发现的秦始皇陵的兵马俑则是战国艺术的绝对化。它应该代表了战国雕塑艺术的最高水平。

秦的制度为汉初所继承。它的政治结构奠定了帝国体制的基础，它的三公、列卿、考课、监察制度在战国时代的小国政治中是不可想象的。它的法律素称严酷，但若一条条考察起来，并不十分不合理，只是惩罚过于严重。它和秦的政治制度一样，不管内容如何，在形式上都是中国法制的代表。

因此总的看来，秦在政治和社会上都将战国文明升华到了一个充分展开的形式化高度。在帝国体制中，各种文明形式得到丰满的表现，并内化于制度中。秦的博士制即使不太成功，也体现了秦人将文化固定化、全民化的努力。

汉景帝死·汉武帝立

汉景帝后元三年（前141年）正月，景帝死，皇太子刘彻继位，是为孝武皇帝。

景帝在位期间继续执行"与民休息"发展生产的政策，封建经济走向繁荣，史书中有"国家无事"、"海内殷富，兴于礼义"的记载，与文帝统治时期并称"文景之治"，为武帝时期国家的昌盛准备了物质条件。

汉武帝统治时期是中国历史上的一次转变。他在位54年，为以汉族为主体的统一的多民族的封建国家的巩固和发展作出了重要贡献。在政治上，武帝颁行推恩令，制订左官律、附益法，实行"酎金夺爵"，基本上结束了汉初以来诸侯王强大难治的局面；并实行一系列打击地方豪强的措施；创立刺史制度，加强对地方的监督和控制；削弱丞相权力，任用酷吏、严格刑法，建立察举制度，设立太学，

汉武帝像。汉武帝刘彻，前140年—前87年在位。他当政期间，中国历史出现历时约50年的一个盛世。

加强中央集权的统治力量。在经济上，将冶铁、煮盐、铸钱收归官营；设立均输、平准官，运输和贸易由国家垄断，平衡物价；实行算缗告缗，打击富商大贾；治理黄河、广开灌溉，大力兴修水利；实行代田法，改进农具，促进农业生产的发展。在思想上，采纳董仲舒建议，"罢黜百家，独尊儒术"，使加强君主集权，实现大一统的儒家思想成为封建统治思想。在民族关系上，多次派兵反击匈奴，解除了匈奴对北部边郡的威胁；两次派遣张骞出使西域，实现和发展了与西域地区的经济文化交流；又遣使至夜郎、邛、筰等地宣慰，加强对西南地区的控制和开发；还统一了南越地区，设立南海、苍梧等9郡。武帝时期，西汉成为亚洲最富强繁荣的多民族国家，也是中国历代封建王朝中强盛的时代之一。

乌孙使者至长安西域始通

西汉元鼎二年（前115年），张骞第二次出使西域归途中带领几十个乌孙使者到汉长安报谢，此为西域使者首次来中原，揭开了汉与西域交通往来的序幕。

乌孙系汉时中亚一民族，位于今新疆西北部伊犁河和伊塞克湖一带，首都赤谷城。张骞于前119年出使西域，把价值"数千巨万"的金帛货物献给乌孙王。在此情况下，乌孙王派遣使者数十人随张骞到长安联络，献马报答，并表示愿娶汉公主和亲。此后，大宛、康居、月氏、大夏也遣使来中原。西北诸国从此与汉朝交往。

使节往来，还进一步促进了西汉与中亚商路的发展。

丝绸之路形成

　　前138年和前119年，汉武帝两次派遣张骞出使西域，正式开辟了中国与欧亚各国的陆地交通路线。当时，从长安经甘肃凉州武威抵达对外通商的西陲城市敦煌，从敦煌出发通往欧亚各国的商路有两条：一条沿昆仑山北麓经今新疆境内翻越葱岭（今帕米尔高原）南部经大月氏（今阿富汗境内）、安息（今伊朗）诸国再抵达地中海，或南行至身毒（今印度），此为南道；一条沿天山南麓西行经今新疆境内翻越葱岭北部经大宛（今费尔干纳盆地）、康居（今撒马尔罕附近）、奄蔡（临今里海）诸国，再西行抵达大秦（罗马），此为北道。北道和南道都在高山、沙漠和高原之间蜿蜒伸展，使节、求法高僧和驼商队伍往来其间，主要货物是丝织品，也有宝石、香料、药材和玻璃器具等。自张骞出使西域以后，中国大量的丝织品沿着张骞通西域的道路运往欧亚各国，历

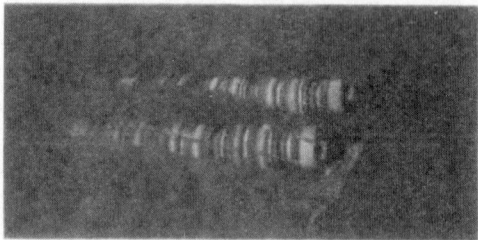

旋刻纹木柱。在古丝绸之路上，考古工作者发现了旋刻着精美花纹的一对木柱，各长76厘米。这对木柱的年代及其用途尚无定论，有人认为与宗教有关。

阳关遗址。阳关是汉王朝在河西走廊上建立的两座著名的关隘之一，丝绸之路开关初年，商队主要经南道横贯亚洲大陆，阳关扼其咽喉。

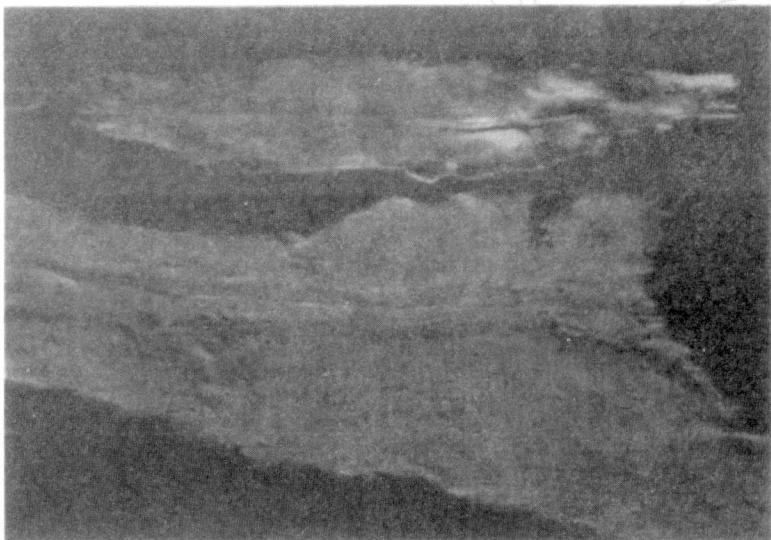

丝绸之路上出土的罗、绯色绢

玉门关遗址。汉代建立。

提英木古城遗址。又名安得悦古城遗址，在安迪尔河下游东岸的沙漠深处，距民丰县城约180公里，也是丝绸之路上的一个重镇。图为残存的城墙和佛塔遗迹。

经东汉、魏晋南北朝和隋唐时期，直到元代由于蒙古西征破坏了中西亚的经济和文化后才开始衰落。这条横贯亚洲的中西陆路交通主要是运销中国的丝织品而闻名于世界，因此被中外历史学家誉为丝路或丝绸之路。

丝绸之路把欧亚大陆的几个国家和地区中国、安息、希腊、罗马、大食和马其顿等联系起来，在古代中西内陆贸易活动中具有很重要的地位。几千年来，中国和欧亚各国人民沿着这条长达几千公里的丝绸之路进行了极为丰富的政治、经济和文化交流，除经常互派使节进行友好访问外，还彼此输送自己的物产和技术。新疆和中亚各地的特产如石榴、芝麻、蚕豆、大蒜、胡萝卜以及骆驼、驴等传入中原地区，增加了中原农牧产品的品种，促进了黄河地区经济的发展；新疆和中亚琵琶等乐器以及舞蹈传入中原，丰富了中原人民的文化生活。同时，印度的佛教通过大月氏传到了中国各地。另一方面，中原地区冶铁、造纸、穿井等先进技术传入亚洲和欧亚各国，也有利于当地经济的发展。公元5世纪，中国的养蚕技术经由伊朗传入东罗马，罗马人民把中国称为丝国，并在京城开设了专门销售中国丝绸的市场。西汉开辟的丝绸之路推动了东西方物质文明和精神文明的交流，对于发展中国各族人民和中国与欧亚各国人民之间的经济和文化交流起着很大的促进作用。丝绸之路无论从内涵还是从外延上都远远超过了其本意，成为一个东西方文明互相交往的同义语。

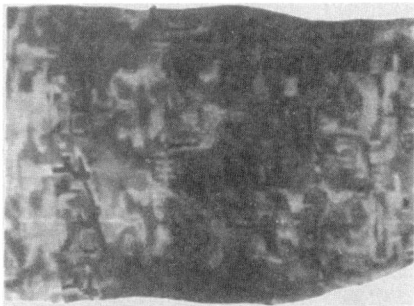

织锦

西方人穿的中国丝织服装。丝织品始终为中西贸易的重要商品。西方人甚至将丝绸的价值比作黄金，在古罗马只有上层社会的人才能穿丝绸服装。图为雅典博物馆展出的中国古代丝织服装。

汉代与伊朗的文化沟通

汉武帝时，张骞初次出使西域，第一次发现安息（今伊朗）是西域一个物产富饶且军事力最较弱的文明国家。前119年，张骞再次出使西域，派副使率庞大的使团，带着牛羊、黄金和丝绸到安息国。安息王为保使团不受干扰，派2万骑兵在边境木鹿（今苏联马里）接引。汉使回国时，又随即派使团往长安，向武帝进献大鸟卵（驼鸟蛋）和黎轩眩人（魔术师）。前111年，天山南路的北道和南道相继开通，丝绸之路在山岭间延伸，北道直抵安息国都和椟（今伊朗沙赫鲁德），南道进入伊朗南部，两道均以伊朗为终点。随着丝绸之路上使节的频繁往来和商贾的贸易拓展，中国的丝绸、铁器和漆器通过安息畅销西亚和地中海，西方各国珠宝、香药、毛皮和麻织物也经安息输入中国，中国与伊朗的文化交流和沟通也由此而日益广泛和密切。

在安息使用的波斯语里，因为中国丝绸的引入，产生了一些新的词汇。如波斯语的"越"，最初是借用汉语的"幡"。中国的幡传到安息后，变成了丝旗。安息军队中使用各色丝旗，也是从中国学去的。另外，西汉时中国生产的优质钢铁，是木鹿市场上广受欢迎的大宗货。木鹿以冶铸刀剑闻名，用的就是中国运去的铁、铅和锡。木鹿刀剑犀利异常，使安息骑兵在战场上大显身手，罗马史家普卢塔克将它专称为"木鹿兵器"。铜锌镍合金是中国的发明，称为"鋈"，俗称白铜。传入伊朗后，在波斯语中称为"中国石头"。伊朗人用白铜制作箭镞，可致命。古代伊朗有关镍合金的知识，是由大夏传去的，而大夏却得之于中国。公元2世纪大夏制造出镍币，就是得益于汉代中国和大夏、安息冶炼技术的交流。欧洲直到1751年才知道镍的存在。再有，波斯的穿井开渠技术，也是经丝绸之路由中国传去的。

传入中国的阿拉伯数字版

西汉时中国的生产技艺传到伊朗，影响了伊朗的文明发展。同样，伊朗在安息时代富于独特风格和精湛技艺的美术、乐舞和杂技流入中国，也丰富了汉代中国的文化艺术。汉代的艺术，开始出现骆驼、翼兽和狮子等动物题材和纹饰。翼兽和狮子都源于伊朗的雕刻。东汉时翼兽作为镇墓兽和描在墓葬和祠堂壁间的画像石中，已相当普遍。209年建造的四川雅安高颐墓翼狮，就仿自波斯阿塔萨斯宫前的翼兽，并将双翼简化为中国式粗线条肥壮而紧贴胸旁的二重翅翼。这种风格在东汉时由安息传入的镇墓兽天禄、辟邪和麒麟中也可看见。在汉代流行的海兽葡萄镜中，葡萄和各种怪兽，包括翼兽的安息纹样成为流行图式。

汉代由安息传入的伊朗的乐器乐曲，对中国音乐的发展和进步极有影响。安息乐曲大多经由康居、龟兹媒介，现已无法稽考。而伊朗的竖箜篌、四弦曲项琵琶和筚篥流入中国后，风行一时，对中国音乐的发展有深远的影响。

汉代以后，在长安、洛阳流行的杂技中，伊朗的节目占有重要的地位。安息的黎轩魔术师的魔术变幻及化妆歌舞、假面戏剧、角力竞技、马戏斗兽，在当时十分流行。

中国和伊朗的文化交流，随着丝绸之路的兴盛而频繁，在汉代更盛极一时，对伊朗文明和中国发明的发展都产生过深远的影响。

海上丝绸之路开创

汉代，中国与域外各民族的交往日益频繁，陆上丝绸之路开通，几乎同时，在南部沿海，联系海外民族的海上丝绸之路也拓展出来，丝绸及其他货品通过航船，源源运往海外，再从海外运回珠宝、棉布等等。

中国东南沿海的百越民族素来擅长航海，和东南亚各地早有联系。汉以后，番禺（今广州）成为南方沿海的一个大都会，海内外物品都在此集散，附近的徐闻、合浦，连同汉代所属日南郡的边塞，更成为远航印度洋的启航港。

汉武帝时，曾派使者到达南印度东部科罗曼德的黄支国（今康契普腊姆）。此后，两国使者互往贸易，中国以黄金及各种丝织物，换取黄支的明珠、璧流离（蓝宝石）和各色宝石、珍奇货色，前230年，黄支是德干高原上一个强国，当地出产的周径二寸的大珠和以蓝宝石著称的各色宝石吸引中国人冒险远航。

西汉时到南印度洋的航线，都是沿大陆边缘延伸的。从徐闻、合浦出发，经10个月的航行，绕过马六甲海峡，到达泰国南部塔库巴的谌离国，在那里经过10多天的陆路，越过克拉地峡，在地峡西端帕克强河口的夫甘都卢国（今泰国克拉附近）继续乘搭印度船，沿孟加拉湾航行两个多月，才可到达人口众多、宝货汇萃的黄支国。西汉时与黄支交往相当频密。王莽摄政后，公元2年春，黄支国曾有3万里外献犀牛的壮举。

西汉武帝时已有使者经黄支国到达已程不国（今斯里兰卡），这是当时中国使者经海上所到的最远的国家。东汉后，由于罗马对印度贸易繁荣，来自地中海和红海的各种珍奇物产和精巧手工艺品都汇聚于南印度东西海岸，刺激中国航海家和商人开辟了从马来半岛西岸塔库巴到黄支以南科佛里河口科

兽首玛瑙环。出土于陕西西安何家村。中国大量丝绸外销，西方亦有不少珍品传入中国。兽首玛瑙环造型具中亚古物风格，可能是通过丝绸之路传到中国来的。

佛里帕特那（希腊航海家称卡马拉，今特朗奎巴）的直达科罗曼德的航线，在东北季风期只需时间一个月航期，从此，到斯里兰卡交易的中国人数量更多。

东汉时，中国航船在塔库巴、克拉和印度科罗曼德的索帕特马（今马尔卡纳）与科佛里帕特那（今特朗奎巴）之间，开辟了定期航线。在从索帕特马通过马纳尔湾向西直达罗马帝国的印度洋航线上，"航张七帆"的中国帆船已穿梭其中。据文献记载，东汉时，中国的帆船已经印度马拉巴海岸的莫席里港（今克拉格诺尔）到达埃塞俄比亚的港口阿杜利，并与阿杜利有使节往来。阿杜利在罗马东方贸易盛期，是中国帆船所到达的唯一被确认作罗马世界一部分的海港城市。

中国海上丝绸之路的开创，把中国的丝绸和其他货物从广州、交州，沿着马来半岛和印度次大陆，运送到亚丁湾和红海南端的埃塞俄比亚，并与罗马世界建立贸易往来，使中国人早在2世纪就与高棉人、马来人、泰米尔人、卡纳克人、希米雅尔人、埃塞俄比亚人及希腊人有了贸易和文化的交往，这是中国与罗马世界最早的直接交往。沿着海上丝绸之路的开创，黄河流域的中华文明得以传播，黑海和波斯湾的文明也流入中国，世界文化得到交流和融合。所以海上丝绸之路的开创在中国航海史和中国文明发展史，甚至世界文明发展史上都有着相当重要的意义。

汉武帝首倡榷酒酤

西汉天汉三年（前98年），汉武帝刘彻为了广开财源用于和匈奴作战，根据御史大夫桑弘羊的建议，在实行盐铁专卖政策的同时，实行了榷酒酤，即由政府控制酒的生产和流通，官酿官卖，寓税于价，独享酒利，不许私人酤酒。

榷酒酤是封建中央政府干预工商业政策的一部分，但这种酒类专卖制度在西汉只实行了17年。在前81年的盐铁会议上，榷酒酤与盐铁专卖政策受到了贤良文学派的坚决反对，不得不作出让步，改专卖为征收酒税，每升课税4钱。王莽时恢复榷酒酤。东汉时因所属统治区缩小，又常受水旱灾害，因此一再禁止私人卖酒，实行私人经营国家征税制。唐中叶后重新实行榷酤，并在专卖形式上也更加多样化。

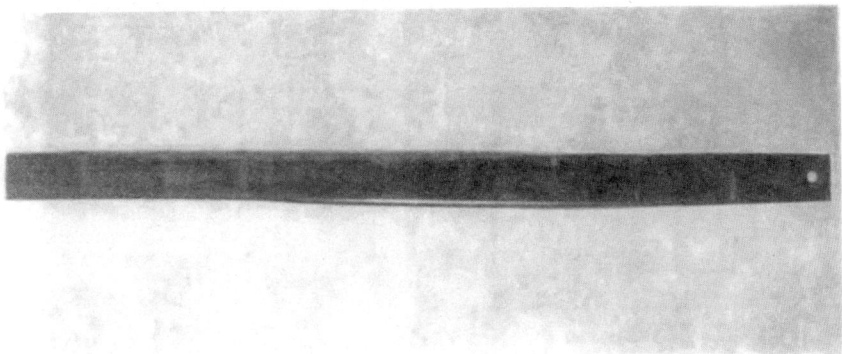

西汉木尺。1976年广西贵县罗泊湾一号汉墓出土的汉代木尺，是近年发现的度量衡珍品。这件木尺刻度清楚，保存完好，尺中刻有十等分刻度，正中刻交叉十字，刻槽填红漆，一端有孔。

汉代酿酒画像砖。汉武帝时期实行酒类专卖，称为"榷酤"，由官府控制酒的生产和出售。图为1955年四川彭县出土的东汉画像砖酿酒图。砖面右部有一屋顶，表示酒肆是在建筑物内。屋前垒土为炉，炉内安置三只酒坛。炉内侧置大釜，一人伸手在釜内操作。屋后壁挂两壶，可能是盛装曲药的容器。酒肆内一梳髻女子当炉，屋外有一沽酒者。砖面左部有荷酒贩鬻者二人，一人肩挑两酒坛，一人推载有方形容器的独轮车。画面生动地反映了"文君当炉，相如涤器"之类的汉代兼营酿造与销售的酒肆作坊。

羊尊酒肆画像砖。画面左部是一座具有汉代木构建筑特征的酒肆，内有盛酒容器；右边木案上有两具羊尊。酒肆内一人当炉卖酒，外面还有二位沽酒者，右下角有独轮车来往。此图勾画出当炉应接不暇的酒肆贸易情景。

匈奴五单于争立·单于入汉称臣

西汉神爵二年（前60年）夏，匈奴虚闾权渠单于死。按世系和习惯，本应由稽侯继为单于，但残暴恣虐的右贤王屠耆堂却被立为握衍朐鞮是单于。神爵四年（前58年）十月，稽侯被姑文王等推举为呼韩邪单于，并诛杀了握衍朐鞮是单于。但同年冬，左大且渠都隆奇与右贤王共立日逐王薄胥堂为屠耆单于，发兵赶跑了呼韩邪单于。这时匈奴大乱，自立为单于的西有呼揭单于，东有东犁单于和马籍单于，加上屠耆单于和呼韩邪单于，史称"五单于争立"。五单于展开混战，延续数年。最后呼韩邪单于取胜，重新入主单于庭。

车师前王王廷所在吐鲁番交河故城

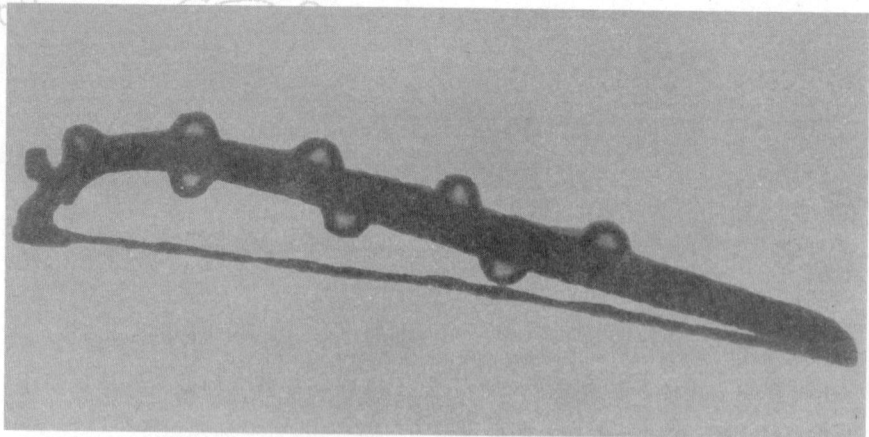

内蒙出土匈奴龙首铜匕

　　五凤四年（前54年）正月，呼韩邪单于派遣其弟右谷蠡王入侍汉朝，向汉称臣。汉朝因边塞无战事，裁减了十分之二的戍边军队。

　　同年四月，匈奴郅支单于打败呼韩邪单于。甘露元年（前53年），呼韩邪单于与郅支单于各自都派儿子入侍汉朝。甘露二年（前52年）十二月，呼韩邪单于到五原（今内蒙古包头西北）塞表示愿携珍宝来汉朝见。宣帝下诏以贵宾之礼接待，地位在诸侯王之上。甘露三年正月，呼韩邪单于亲自朝见汉宣帝。宣帝与呼韩邪在长平会见，后一起回长安，宣帝馈赠厚礼。二月，呼韩邪单于请求留居幕南光禄塞下，遇有紧急情况，可协助汉朝保护受降城。汉朝派遣使一万六千人马送单于防守朔方，居光禄城，并转运边塞粮谷前后共三万四千斛，给单于作粮饷。郅支单于闻风远逃。从此乌孙以西至安息诸国近匈奴的地方，都尊汉朝。汉匈民族和平相处，增进了双方的文化交流和民族融合。

汉以粮资助匈奴

西汉初元元年（前48年），国困民饥。九月，关东十一郡国出现大水灾，灾区闹饥荒，出现人相食的惨状。汉元帝下令附近郡县转运钱粮救济灾民。这一年，匈奴呼韩邪单于上书元帝，反映民众的穷困疾苦。元帝诏令从云中（今内蒙托克托）、五原（今包头西北）郡调拨二万斛粮食资助单于。

汉匈和亲·昭君出塞

西汉建昭三年（前36年），汉朝消灭郅支单于，帮助呼韩邪单于重新统一匈奴。呼韩邪又高兴又害怕，在建昭五年（前34年）上书汉朝，表示要入汉朝见汉帝。

元帝竟宁元年（前33年）正月，呼韩邪单于第三次入汉觐见汉帝（前两次为前51年、前49年），提出愿为汉婿，复通和亲之好，元帝准其要求，把宫女王嫱以公主的礼节嫁给呼韩邪单于。王嫱，字昭君，南郡秭归（今湖北）人，幼时被选入宫做宫女。当得知朝廷选宫女与匈奴和亲的消息，昭君慷慨

昭君墓

应召，愿远嫁匈奴。昭君姿容丰美，仪态大方，通情识理，深得呼韩邪单于钟爱。昭君离开长安时，文武百官一直送到十里长亭，她怀抱琵琶，戎装乘马出塞。到匈奴后，呼韩邪单于封她为"宁胡阏氏"。后生一子，取名伊屠智牙师，长大后被封为右日逐王。成帝建始二年（前31年），呼韩邪单于去世。依匈奴风俗，昭君夏嫁复株累单于（呼韩邪单于与大阏氏子），又生二女。昭君出塞后，匈奴与汉朝长期和睦相处，汉匈民族间政治、经济、文化的联系有所发展，边境安宁，百姓免遭战争之苦。元帝下诏将昭君出塞这一年改元竟宁。

明代仇英绘《明妃（昭君）出塞图》

江统作《徙戎论》主张迁出"五胡"

西晋元康九年（299年）正月，太子洗马江统以为戎、狄内迁，引起诸多矛盾，是"五胡乱华"之源，乃作《徙戎论》，主张将其迁回本土。

（东）汉以来，西、北边陲的许多民族，陆续迁移至辽西、幽并、关陇等地，与汉人杂居。这些内迁民族，主要是匈奴、羯、氐、羌、鲜卑等，时人称之为"五胡"。

"五胡"各族内迁，在汉族的影响下，由游牧转向定居农耕，社会经济都在向上发展，胡汉文化习俗亦相互影响。当然这种变化和影响也充满了矛盾。并州匈奴人许多成了汉人地主的奴婢，汉人沦为奴婢的也不少。他们常常被迫服贱役，当兵作战。更有地方官员大掠境内诸胡，押往他乡出卖，因此时常激起各族人民的反抗。而内迁各族中有些上层人物往往利用本族人民，实行割据。

"晋乌九归义侯"金印   "晋鲜卑率善长"印

魏乌丸率善佰长印。"乌丸"即乌桓，东胡族的一支，聚居于今河北北部和辽西一带。佰长，官名。当时中原王朝对归附的少数民族上层，往往采取封官赐印来进行安抚。

"晋率善明胡伯长"印

上述情况，引起了许多人的忧虑，主张把"五胡"强迫迁走，江统作《徙戎论》就是这个用意。他提出"内诸夏而外夷狄"的观点，建议将匈奴、氐、羌等族迁回故土，以使"戎晋不杂"。但是，各族内迁和杂居是长期历史发展的结果，所以江统"徙戎"的议论是根本无法实现的。

西晋胡人俑兵俑

都督泛滥成灾

　　"都督"是官名，指军事长官或领兵将帅。地方最高长官亦称都督。汉末三国始设都督或大都督，为领兵官。魏文帝（曹丕）时始置都督，主持诸州军事，大都督为最高军事统帅。有的兼任驻在州刺史，总管军、民、政。到东晋、南朝时，大州刺史多兼都督，权力甚重。至北周及隋，改为总管，遂成为正式地方官名。

　　西晋时都督泛滥成灾，主要是因为晋武帝司马炎错误地认为曹魏之所以

西晋庄园生活壁画。壁画共五层。第一层为宴饮，第二层为出行，第三层为牛车，第四、五层为马群、羊群、牛群。根据出行人物的舆服制度，可以推知墓主人似为千石至二千石的郡级官吏。

被他所取代，就是因为曹氏没有强大的宗室势力，兵权落入司马氏手中而致孤立无援。所以他封皇族27人为王，后又有所增加。除王国以外，还封了许多公、侯等。王国拥有相当数量的军队，可以自辟置僚属，又可出镇各地，都督各州军事，实际

鄯善有翼天人。新疆若羌县在汉代属鄯善伊循地区，处于中原通往西域各国的丝绸之路上，经济、文化比较发达，接受佛教影响也较早。公元三至四世纪时，鄯善已是一个佛教盛行的小国。20世纪初年，曾在此地的米兰一带发现数处鄯善时期的寺院遗址，其中残存的壁画（时间约在公元300年左右）是我国现存时间最早的寺院壁画。此块残壁上绘一半身像，脸略圆，梳男孩发式，背后有伸张的双翅，显然是佛教中的天人。画像用线简练，造型准确。这种天国人物的艺术形象经常出现在犍陀罗雕塑中，也曾传播到新疆米兰一带，只是并未继续东传至中国内地。

上掌握了地方上的军政大权。由于都督权大，中央往往设监军监视都督是否执行诏令，防止都督滥用兵权。但都督制本身就埋藏着分裂割据的祸根。都督手握重兵，权力过大，不兼刺史的都督尚可凭借权势，干预地方行政；兼领刺史的都督更是总揽军、政大权，独霸一方，导致国家政局不稳，外重内轻，尾大不掉。晋武帝取消州郡领兵后，都督区遍及全国。结果，晋武帝一死，"八王之乱"骤起，担任重镇都督的宗室诸王为争夺帝位而进行了一场血腥混战，彻底摧毁了西晋自身的统治基础，也给社会经济带来严重破坏，造成人民死伤和流离失所，加剧了社会阶级矛盾和民族矛盾。可见，在国家分裂，政局动荡不安的情况下，多一个拥兵的都督，就多一份离心力。只要军政合一的都督制继续存在，中央和地方的矛盾就有可能逐渐尖锐，天下就难以长治久安。

拓跋郁律称雄北方

西晋建兴四年（316年）三月，代国发生内乱，拓跋普根乘势取得了统治地位，但在四月份，拓跋普根死掉了，他的儿子出生不久，普根的母亲册立普根的儿子为皇帝，但在这一年底，拓跋普根的儿子又死掉了，于是大家一致推举他的叔叔即普根的弟弟拓跋郁律为皇帝。东晋太兴元年（318年）六月，汉将刘虎从朔方（今内蒙古乌拉特前旗南）向郁律的西部发动了进攻。七月，郁律率领大军大败刘虎的军队，刘虎逃到了塞外，他的弟弟外路单独率部归降。拓跋郁律又向西袭取乌孙的领土，向东兼并列勿吉以西，兵强马壮，一时称雄北方。

石勒建赵国

汉光初元年（318年），石勒协助刘曜攻灭靳准的叛乱，刘曜即皇帝位，石勒进爵为赵王，两人之间逐渐产生了隙怨。石勒的部将劝他另起炉灶，自称尊号。前赵光初二年（319年）十一月，石勒在部下的拥戴下即赵王位，依照当年刘备在蜀、曹操在邺的故事，凭借河内等二十四郡创建了赵国，历史上将其称为后赵，这一年就称为赵王元年。石勒修建了社稷宗庙，营造东西二宫。又令法曹令史贯志收集旧律，编写《辛亥志》作为赵国法律，设置了经学祭酒、律学祭酒、文学祭酒。还设立门臣祭酒，专门负责胡人的诉讼，门生主书主管胡人的金钱出纳。还严厉禁止胡人凌辱汉族人。后赵把胡人作为国民，朝廷集会使用天子的礼乐、衣冠、仪物。任命张宾为大执法，总揽朝廷的行政事务，统领百官；石虎为单于元辅，主管军事事务，后来又赐爵为中山公。

石勒建立赵国之后，执法很严格，因为他自己是羯胡之人，所以对于"胡"字避讳很严。据说有一次有一个胡人喝醉了酒骑马闯到东门，当时宫殿已经修好，禁止随便闯门。石勒听到这事非常生气，严厉地责问守门的小官冯翥，冯翥战战兢兢地忘了避讳，对石勒说："有一个喝醉了的胡人，骑马冲了进来，我们呵斥驱赶他，却不能和他说话。"石勒听了，笑着说："胡人本来就难以交谈。"马上宽恕了他。石勒命令张宾掌管选举法，下令公卿及各州郡每年举荐秀才、至孝、廉清、贤良、直勇的人各一名。到此，后赵立国，粗有纲纪。

前赵刘曜占据秦陇称帝

前赵光初六年（323年）七月，陈州刺史陈安被刘曜俘杀，前赵势力达秦陇。

东晋太兴元年（318年）十月，汉相国刘曜在平阳（今山西临汾）称帝，改元光初。后迁都长安。为了拓展疆土，刘曜先将兵锋指向秦陇。并于汉光初二年（319年）六月，改国号为赵（史称前赵）。

光初五年（322年）二月，刘曜率军攻打仇池（今甘肃成县西）杨难敌。难敌投降，并遣使向（前）赵称藩，刘曜让难敌占据武都、阴平两郡，并封为上大将军、武都王。

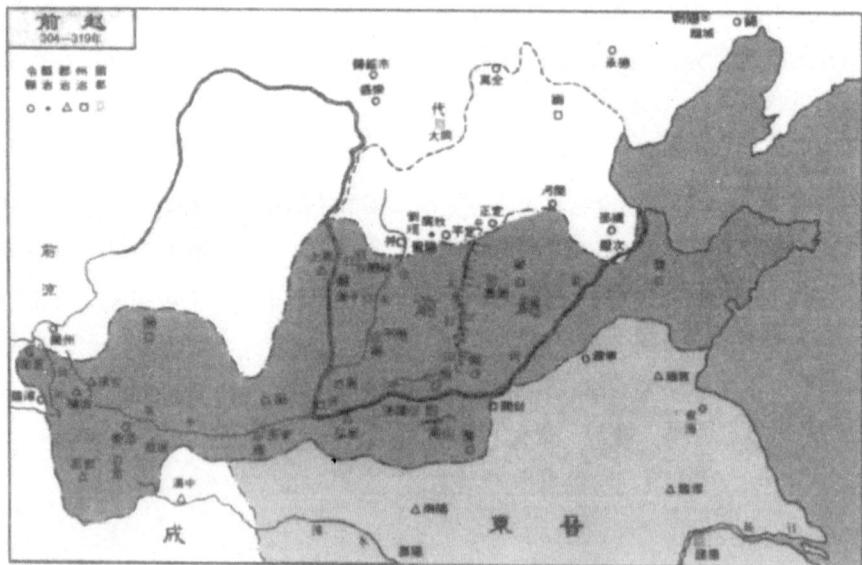

前赵疆域图

秦州刺史陈安请求朝见刘曜。刘曜声称患病，拒而不见。陈安大怒，派遣弟陈集率骑兵三万追打刘曜，受到刘曜将领呼延瑜的狙击，陈集被杀。陈安回到上邽（今甘肃天水），又袭击汧城（今陕西宝鸡西北），一举攻克，陇上氐族、羌族纷纷投附。陈安自称凉王。唯有休屠王石武向赵投降，刘曜任命石武为秦州刺史，封酒泉王。光初六年（323年）六月，陈安围攻赵将刘贡驻守地南安。石武引兵支援，与刘贡合击陈安。陈安大败，被迫退守陇城

东晋羊形烛台。青瓷羊形台出现于三国，东晋盛行，照明点都在羊头上。此烛台的羊形作昂首踞伏状，别具匠心的是褐斑彩巧施于圆睁的双目，神情中透出几分惊奇。

（今甘肃庄浪）。七月，刘曜亲自率领大军围攻陇城，另遣将兵包围上邽。陈安屡战屡败。陇上诸县闻风纷纷投降刘曜。陈安让副将杨伯支、姜冲儿留守陇城，自率精兵突出重围，向陕中逃奔。刘曜派将军呼延青人追击，陈安弃马逃匿山中，被赵将俘杀。陈安将领杨伯支诛杀姜冲儿，出城投降；别将宋亭斩赵募，以上邽投降。刘曜下令将秦州大姓杨、姜诸族2000余户迁往长安。氏族、羌族也都送人质到长安，向刘曜投降。八月，刘曜乘削平陈安之机，又派兵向凉州张茂进攻。刘曜亲率士卒28万，列阵百里，直逼姑臧（今甘肃武威）。不久，张茂便遣使向刘曜称藩，并献上马、牛、珍宝。刘曜任命张茂为侍中、太师、凉州牧，封凉州王，加九锡。

从此，秦陇之地尽归前赵。

东晋德清窑黑釉壶。东晋德清窑以黑釉瓷器著称。釉色匀润，制作端整，是德清窑的精品。

石勒称帝·建立赵国

后赵建平元年（330年）九月，石勒称帝。永嘉六年（312年）石勒领军攻占襄国、冀州等周围郡县，被汉王刘聪任命为"都督冀、幽、并、营四州诸军事"的"冀州牧"，又封为"上党公"。石勒开始以襄国为据地屯积粮草，招兵买马，图谋大业。建兴二年（314年），石勒在幽、冀诸州清点人口，征收租赋，但比西晋所征减轻一半。东晋太兴二年（319年），石勒称王，下令

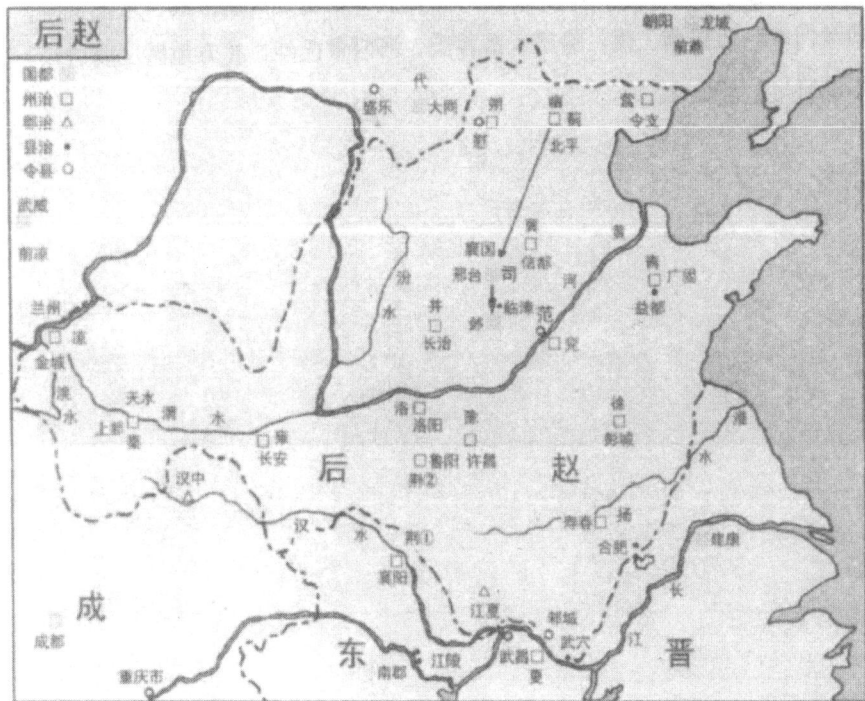

后赵疆域图

禁止酿酒，郊祀宗庙时用醴代酒。又派遣官吏巡视各州郡，劝课农桑。规定劝课农桑的成绩较好者，赐爵五大夫。因此中原农业生产得以逐步恢复，石勒势力强大起来，国境也不断扩大。咸和五年、后赵太和三年（330年）二月，后赵群臣请石勒即皇帝位，于是石勒自称大赵天王，行皇帝事，立世子石弘为太子，立妃刘氏为王后。任命另一子石宏为骠骑大将军、都督中外诸军事、大单于，并封为秦王；任命石虎为太尉、尚书令，封为中山王。同年九月，石勒正式称皇帝，改元建平，以石弘为皇太子，其他文武大臣都封赏有差。

石勒继位后，下诏命令公卿以下官员每岁举选贤良方正，以广求人才。又继续实行九品官人制度。又在襄国设立太学、小学，选取将佐豪右子弟入学教育，在各郡国设置学官，每郡派博士祭酒一人，收弟子150人，授以儒学经典。从此后赵国力大增。全盛时期，其管辖境地南逾淮河，东滨大海，西至河西，北接燕、代。除辽东慕容氏、河西张氏外，北方地区尽属后赵，隔淮河与东晋对峙。

石勒病逝·石虎摄政

后赵建平元年（330年）二月，石勒称天王，立弘为太子，封弘弟石宏为大单于，任命石虎为太尉、守尚书令、中山王。石虎，名季龙，石勒之侄。性残嗜杀，骁勇善战，助勒建赵，功勋卓越。他对石勒分封官职十分不满，便对儿子石邃说："大赵江山是我一手打出来的，大单于应当是我，却居然授给黄吻婢儿，想到此事就令我气愤，寝食不安！等到主上晏驾殡天以后，我一个也不留他。"

建平三年（332年）四月，石仆射程遐见石虎父子势力强大，难以防范，便劝石勒除掉石虎。石勒不答应。后程遐联络中书令徐光共同上书，说石虎父子"并据权位，势倾王室，而耿耿常有不满之心"，"臣恐陛下万年之后，不可复制也"。于是石勒开始限制石虎权力，令程遐总执朝政，让太子石弘监督省视尚书奏事，又命中常侍严震参与尚书决策。石虎更加快快不乐。

建平四年（333年）六月，石勒病危。中山王石虎入宫侍奉赵帝，假传石勒诏令，不准群臣入宫见驾，又遣使召石勒子石宏、石堪回襄国。七月，石勒病情加重，留下遗言说，"大雅（即太子弘）兄弟，应当相互友爱，相互照顾，司马氏就是你们的前车之鉴（指西晋八王之乱）。中山王应当好好学习周、霍，不要被后来人耻笑"。

石勒死后，石虎不听赵帝遗命，挟持太子石弘即皇帝位，执杀程遐、徐光等忠直大臣，命令其子石邃率兵入宫警卫，满朝文武竞相奔散。

八月，石虎强迫石弘封自己为丞相、魏王、

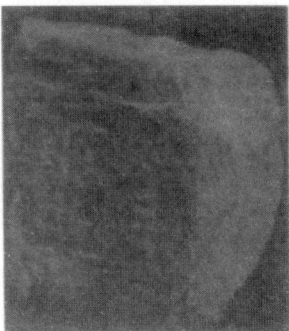

西安出土后赵砖

大单于，加九锡，总摄朝廷大权。又立其妻郑氏为魏王后，立石邃为魏太子，还将其诸子并封为王。石虎府僚亲属，都被任命为台省要职。石虎挟持石弘干涉朝政，引起后赵宗室极为不满。同月，刘太后与石勒养子石堪商量起兵讨伐石虎。九月，石堪兵败被杀。十月，石生、石朗也起兵攻讨石虎，又被石虎平定。同月，盘据在秦陇的氐帅蒲洪也乘机自称雍州刺史叛赵，石虎在平定宗室的反叛后，派麻秋收复了蒲洪。蒲洪再次降服石虎，被授予光烈将军、护氐校尉。

延熙元年（334年）十月，石弘不甘心为石虎傀儡，迫于石虎威势，便自动请求让位给石虎。石虎说："石弘愚昧昏庸，应当废掉他，怎么能禅让呢！"十一月，石虎派郭殷入宫，废石弘为海阳王。群臣劝石虎即皇帝位，石虎说："皇帝，是功德盛大的称号，不是我能担当的。"于是自称居摄赵天王。不久，又将石弘及太后程氏、石宏、石恢杀死。任命夔安为侍中、太尉、守尚书令，郭殷为司空。次年正月，改元建武。九月，迁都至邺。建武三年（337年）正月，石虎称大赵天王，立石邃为天王皇太子。建武十五年正月（349年），石虎即皇帝位，改元太宁。

拓跋什翼犍建立代国

西晋建兴四年（316年），代王猗卢死去，拓跋氏诸部内乱纷纷，部落离散。东晋咸和四年（329年），翳槐被诸部大人推为代王。当时，代国南境敌人（后）赵非常强大，为了换取南方边境安宁，翳槐派其弟什翼犍去赵国都城襄国，作为人质，并迁徙五千余家相从。

咸康元年（317年）代王拓跋翳槐因内乱投奔后赵大将李穆，三年后，故旧部落纷纷归附，代王纥那逃到燕国，拓跋翳槐得以复国。咸康四年（338年），翳槐病死，命诸部大人立其弟什翼犍为代王。而国内诸部大人认为什翼犍远在他国，未必能回来，便改立其次弟拓跋孤。拓跋孤坚决不同意接受，亲到赵都邺城（今河北磁县东南）以身赎什翼犍。十一月，19岁的什翼犍在繁畤（今山西应县东南）北即代王位，改元建国。什翼犍继位后，仿效中原政权，始置百官，分掌众多事务，并制定反逆、杀人、奸盗法律。在他的治理下，大转当初猗卢死后代国内乱、部落流散、国势衰微的景象，国内政事清简，号令严明，百姓以安居乐业，国力渐强。国境东起涉貊（今朝鲜元山至春川处），西到破落那（今苏联费尔干纳盆地），南临阴山（今内蒙古包头北），北至沙漠，有部众数十万人。

次年（339年）五月，什翼犍在参合陂（今山西大同东南）召集诸部大人，商议定都之事。代建国三年（340年）三月，定都于云中盛乐宫（今内蒙古和林格尔）。

凉伐龟兹、鄯善收服西域

前凉建兴二十三年（335年）十二月，（前）凉代龟兹、鄯善，西域诸国皆降，分置沙、河两州。

张骏为张寔子，少时淫纵无度，建兴十二年（324年）继位后，厉操改节，勤修改事。十四年（326年）为避（前）赵攻逼，徒陇西、南安定民2000余家于姑臧。翌年（327年）五月，乘（前）赵败于（后）赵，自去（前）赵官爵，复称晋大将军、凉州牧。发兵击擒戊己校尉赵贞，在其地置高昌都。十月，刘曜攻拔令居、振武，一度占据（前）凉河南地。十八年（330

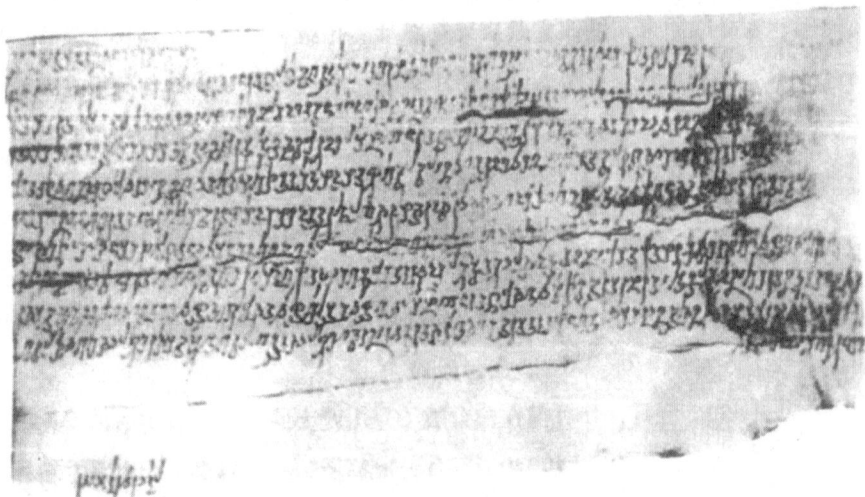

鄯善国佉卢文文书。佉卢文全称佉卢虱咤文。从印度经贵霜人传来，公元二至四世纪，流行于西域城邦国家鄯善（今新疆若羌）和于阗（今新疆和田）。这大概是中国少数民族的先民使用汉文以外文字的最初尝试。这种文字由音节字母组成，由左横书，字母不连字，字与字之间无间隔，亦无标点符号。图为新疆和田地区采集的佉卢文文书。

西域高昌故城遗址

年）五月，张骏乘（前）赵之亡，又收复河南地，置武街、石门、候和、漒川、甘松 5 屯护军，东与（后）赵接壤。六月，石勒为邀结张骏，欲拜骏为凉州牧，骏耻为赵臣，拒而不受，仍然称臣于晋。当时仇池杨氏归附（东）晋，张骏以仇池为通道，每岁与建康通使不绝。但张骏未用江东正朔，一直沿用司马邺（西晋愍帝）的建兴年号。

本月，张骏遣将杨宣越流沙，代龟兹、鄯善，西域并降。（前）凉尽有陇西地，士马强盛。焉者、于阗等西域诸城邦竞派使者贡物结好于凉，献汗血马、火浣（石棉布）、犎牛、孔雀、巨象及诸珍异物品 200 余种。张骏又分州西 3 郡置沙州，治敦煌；州东 3 郡置河州，治枹罕。凉州自张轨以来军无宁岁，张骏时境内渐安，实现刑清国富。

石虎攻凉·出师不利

后赵建武十二年、前凉建兴三十四年（346年）五月，前凉王张骏刚死，后赵石虎就乘丧攻打前凉。次年四月，前凉张重华挫败石虎大军，维护前凉兴盛局面，后赵则加速衰落。前凉建兴三十四年（346年）五月，张骏去世，子重华继位。石虎乘张骏刚死、重华年纪轻，便派凉州刺史麻秋、将军孙伏都攻打金城（今甘肃兰州）。前凉太守张冲投降，凉廷震惊。重华命将军裴恒率兵固守广武（今甘肃永登）；将军谢艾率步骑兵5000攻击麻秋，并在振武击败麻秋。次年四月，麻秋又攻枹罕（今甘肃临夏），架云梯，挖地道，一度突入城中。前凉校尉张璩率诸将力战，杀退赵兵，烧毁赵军攻城器械。于是，石虎派石宁率兵2万增援麻秋。谢艾率步骑3万在大河边迎击。暗中派遣别将张瑁从小路截断赵军后路。赵军撤退，谢艾乘势进攻，大破赵军。麻秋单骑逃往大厦（今甘肃临夏西南）。五月，麻秋、石宁又来攻掠晋兴郡（今青海民和）诸县。七月，石虎又派遣援兵和麻秋会合，渡过河后长驱直入，想直扑姑臧（今甘肃武威）。谢艾建牙誓众，大破麻秋军，麻秋逃回金城。石虎闻讯，感叹说："我以偏师定九州，今以九州之力困于枹罕。彼有人材，未可图也。"前凉抗击后赵，力战而胜。（前凉）建兴三十七年（349年）九月，凉州官属向晋朝上表，共推张重华为丞相、凉王、雍秦凉3州牧。此时前凉疆域，南逾河、湟，东至秦、陇，西包葱岭、北及居延，正值兴盛时期。

前凉金错泥筒

桓温伐蜀·成汉灭亡

　　成汉嘉宁元年（346年）十一月，东晋荆州牧桓温率益州刺史周抚等西征成汉，次年三月，成汉败亡。

　　桓温，谯国龙亢（今安徽怀宁西北龙亢集）人，被授予驸马都尉之职。永和元年（345年），他继庾翼之后担任都督荆梁四州诸军事、荆州刺史等职。桓温具有雄才伟略，志在西取成汉，北伐中原。

　　晋永和三年十一月，桓温乘成汉内乱之际，率益州刺史周抚、南郡太守谯王无忌讨伐成汉李势，并以袁乔为前锋。次年（347年）二月，桓温大军到达青衣（今四川青神）。汉主李势派其叔父李福、堂兄李权、将军昝坚等迎击晋兵。三月，桓温采纳袁乔的建议，避开对方主力，亲自率领大军直逼成都，与汉将李权三战三捷，接着又大破李势之众，乘胜长驱直入成都。李势见大势已去，趁夜出逃，随后又派人向桓温投降。桓温将李势及宗室十余人押送至建康，晋封李势为归义侯。升平五年（361年），李势死于建康，成汉亡，立国共计47年。

　　成汉虽亡，但蜀乱不止。永和三年（347年）三月，李势被押送建康后，原成汉尚书王誓等举兵造反。叛乱平定后，桓温收兵退回江陵。汉将中邓定、隗文等乘机入据成都，立范长生之子范贲为帝，以图重振旗鼓。十二月，晋振威护军萧敬文乘机攻陷涪城杀征虏将军杨谦，自称益州牧，与晋脱离关系，不久又进据巴西（今四川阆中）。永和八年（352年）八月，桓温派司马勋协助周抚，攻占涪城，杀萧敬文，叛乱至此结束，蜀地逐渐出现了安定的局面。

苻健建前秦

前秦皇始元年（351年）正月，苻健在长安即天王、大单于位，建国大秦，史称前秦。

氐族苻氏，世代居住在略阳临渭（今甘肃秦安东南），为部落小头目。永嘉年间，天下大乱，苻氏同宗结为部落集团，推举苻健之父苻洪为盟主。不久苻洪归附刘曜。咸和四年（329年）九月，石虎攻占邦城，苻洪投降。八年十月，石虎采纳苻洪建议，将秦雍百姓及氐羌部落10余万户迁移关东，并任命苻洪为流民都督，居住枋头（今河南浚县西南）。永和五年（349年）四月，石虎去世，石遵杀石世自立为王。后石遵担心苻洪乘机侵占关中，于是罢免苻洪都督职，苻洪为此大怒，返回枋头后遣使向晋廷投降。同年末，冉闵在邺城大杀胡羯族，并将世代居住在河北的关陇流民向西迁移，途中路经枋头，共推苻洪为首领，聚众10余万人。六年正月，苻洪自称大都督、三秦王，但不久便

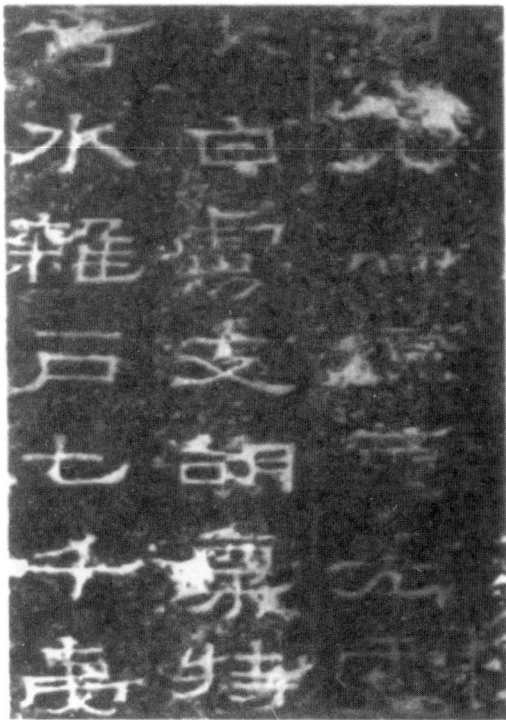

陕西韩城秦卷能进修邓太尉祠碑拓本

被赵将麻秋毒死，死前嘱咐世子苻健占据关中，巩固地盘。于是苻健杀麻秋自立，并派遣使者赴晋告丧请命。同年八月，赵将王朗、司马杜洪趁势占据长安，自称晋征北将军、雍州刺史，当地夷夏人纷纷响应。苻健也自称晋征西大将军、都督关中诸军事、雍州刺史，与弟苻雄、侄苻菁率军向长安进击，杜洪部众及羌、氐部落首领见状纷纷向苻健投降。十月，苻健大军长驱直入，进入长安。后因长安民心思晋，苻健于是派人到建康向晋廷报捷，并与晋将桓温修好，从而赢得大批胡汉百姓拥戴。第二年正月，苻健在长安即天王位，称大单于，建国号大秦，建元皇始，史称"前秦"。追尊其父苻洪为武惠皇帝，庙号太祖，并立妻强氏为天王后，子苻苌为太子。

桓温北伐·进至灞上

东晋永和十年（354年）二月，征西大将军桓温出师进攻前秦，至太和四年（369年），他率军共进行了三次北伐，志在收复中原，提高个人威望，以代晋称帝。

永和十年二月，桓温第一次北伐，统领步骑4万从江陵（今湖北江陵）出发，经析县（今河南西峡）至武关（今陕西丹凤东南）；水军则从襄阳入均口（今湖北均县）直逼至南乡（今河南淅川）；同时命梁州刺史司马勋沿子午道（今关中直南通向汉中之通道）攻秦。苻健遣太子苻苌、丞相苻雄等率军5万，屯于邦柳（今陕西蓝田南）。四月，桓温督师在今陕西兰田击败秦太子苻苌等率领的5万大军，进军灞上（今陕西西安东）。秦军被迫退守长安城。关

桓温北伐图

南京出土晋代持盾武士俑

中百姓纷纷持牛酒尉劳晋军，老人流泪说："不图今日复见官军！" 桓温终因军粮缺乏而于六月被迫撤退。

永和十年七月，桓温第二次自江陵北伐。八月逼近洛阳，在伊水（今河南洛阳南）大败羌兵统领姚襄的军队，收复洛阳。姚襄退至襄陵（今山西临汾东南），后西入关中，为前燕苻生所杀。桓温很快还兵江陵，只留毛穆之等两千多人戍守，又将降民3000余家迁至江、汉之间，随后颖川、谯（今安徽亳县）、沛（今安徽濉溪西北）诸城相继为前燕占领。隆和元年（362年），桓温建议迁都洛阳，主张将永嘉之乱以来南迁的北人全部迁回河南。南下士族纷纷反对，而桓温也只是借此威胁朝廷。由此引起大臣们的互相猜疑和牵制，内部不和给前燕可乘之机。兴宁三年（365年）三月，洛阳终于被前燕占领。

太和四年（369年），大司马桓温已进位大司马、都督中外诸军事、扬州牧，并兼任徐、兖二州刺史。为了树立更高的威望以便代晋，桓温决定进行第三次北伐，征讨前燕。四月，桓温率步骑5万从姑熟（今安徽当涂）出发，六月抵达金乡（今属山东）。命将士凿巨野（即大野泽，在今山东巨野北）300里，引汶水于清水以利舟师自清水入河。一路所向无敌，七月进至枋头（今河南汲县东北）；同时派遣檀玄在黄墟（今河南杞县东南）同燕军作战，大败燕征讨大都督慕容厉。燕主慕容暐大惊，向前秦求援。八月，前秦出动步骑2万救燕。燕、秦联兵与桓温大战，晋军数战不利，且因孤军深入，军粮不继而被迫焚烧船只，抛弃辎重、铠杖，从陆路撤退。在襄邑（今河南睢县）东涧又遭到燕军袭击，损失3万余人。在谯郡再受前秦军袭击，又损失1万多人。十月，桓温收散卒屯兵山阳。第三次北伐以失败告终。

匈奴刘勃勃建夏

东晋义熙三年（407年），匈奴赫连勃勃自立为王，国号大夏。

赫连勃勃原名刘勃勃，391年北魏拓跋珪率军消灭刘卫辰时，他投奔后高平公没弈干门下，并取其女为妻。勃勃身材魁伟，仪容可观，聪明善辨，很得秦王姚兴的器重，被封为安远将军、五原公，帮助岳父没弈干镇守高平。稍后又被任命为安北将军、五原公，镇守朔方。弘始九年（407年），北魏、

大夏石马。407年，匈奴族首长赫连勃勃自称大夏，建都统万城，后为魏属国吐谷浑所灭，历二十五年。

后秦互相归还俘虏，重新通好，勃勃闻之大怒，于是密谋叛秦。不久，他在大城劫掠柔然社仑可汗敬献给后秦的 8000 余匹马，并杀掉了岳父没弈干，正式叛秦。

刘勃勃叛秦后，自称天王、大单于，设置百官。他认为匈奴是夏后氏的后代，故取国名大夏，又认为从母姓姓刘不合理，帝王仍继天为子，是为徽赫，实马天连，所以改姓赫连氏。

刘裕攻灭后秦长安后，匆匆南回夺取东晋帝位，留其子刘义真守长安。勃勃乘机进据长安，东晋义熙十四年（418 年）称皇帝于灞上，然后留太子赫连璝守长安，自己仍回统万（内蒙古马审旗南白城子）新都，以便与北魏对抗。

赫连勃勃生为胡人，性格暴躁，手段残酷。每攻取一城池，都要坑杀投降的士兵。

到了晚年，他想废太子赫连璝而立幼子酒泉公赫连伦，因而引起了兄弟间的互相残杀，只好改立昌为太子。南朝宋元嘉二年（425 年），赫连勃勃卒。次年，北魏攻占长安，以后又连续攻取统万，并掳获赫连昌。勃勃第五子赫连定，继皇帝位于平凉。南朝宋元嘉八年（431 年），赫连定为吐谷浑击败，夏亡。

北凉灭西凉

西凉嘉兴四年（420年）七月，北凉攻破西凉都城酒泉，西凉灭亡。

北凉，为卢水胡人沮渠蒙逊于隆安五年（401年）所建，都于张掖。412年，蒙逊称河西王，改元玄始。蒙逊即位后，曾屡败西凉李氏，与西凉积怨很深。东晋义熙十三年（417年），西凉李暠病死，其子李歆嗣位。此后，李歆大兴土木，屡征民役，并于嘉兴四年（420年）七月，不听劝阻，亲自出兵讨伐北凉。而此前北凉也已有灭李氏之心，为诱西凉，故意扬言南讨西秦。李歆果然上当，带兵来攻。蒙逊派兵伏于边境，大败西凉军队，并击杀李歆。蒙逊乘势西进，占领酒泉。李歆弟敦煌太守李恂闻讯后，守据敦煌自称冠军将军、凉州刺史，继续与北凉对抗。

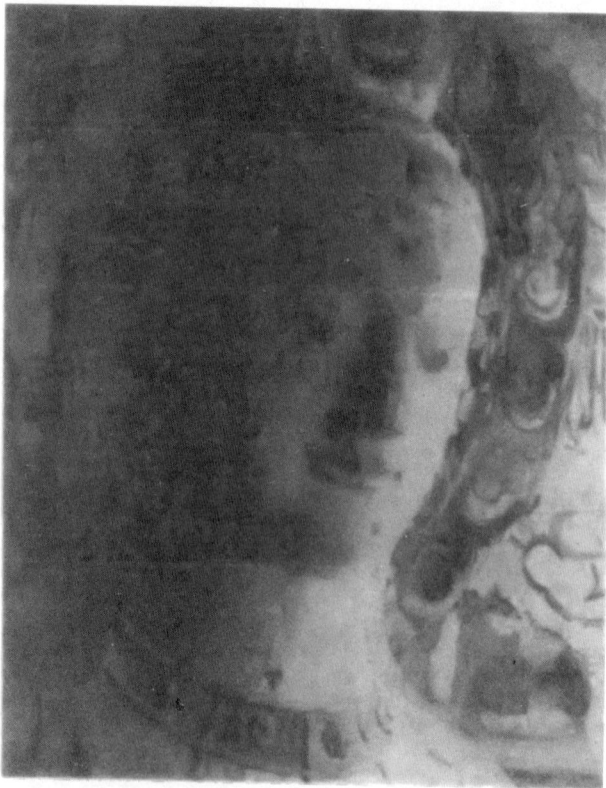

敦煌石窟北凉时期交脚弥勒菩萨头部

421 年 3 月，蒙逊发兵 2 万，围攻敦煌。蒙逊在城外三面筑堤，以水灌城。敦煌城失陷，李恂自杀身亡。蒙逊占有西凉之地后，号令严明，秋毫不犯，西凉旧臣有才望者，一律加以录用。由于蒙逊安抚有方，西凉地区虽经变乱，但社会稳定，国泰民安。

北凉白双且造像塔

"五胡乱华"与十六国的形成消长

从 304 年刘渊建立汉国到 581 年杨坚建立隋朝，几乎两个半世纪，中国北方陷入分裂战乱状态。黄河流域广大地区处于少数民族统治之下。二百多年的民族大激荡，内迁各族和沿边各族纷纷登上历史舞台，建立政权，使这一时期的民族关系呈现出错综复杂的局面。

五胡于惠帝末期开始大规模的叛乱，10 余年后便占有整个北方。从西晋惠帝永兴元年（304 年）匈奴刘渊称王起，下至南朝宋文帝元嘉十六年（439 年）北魏拓跋氏统一北方止，在这 136 年间，他们陆续在北方建立了十几个国家，与南方的汉族传统政权东晋相对峙。其间汉人也曾在北方先后

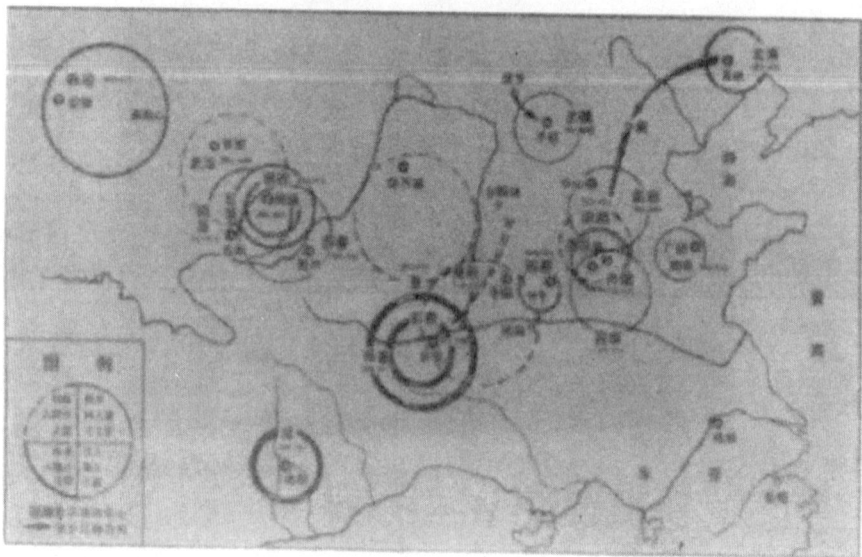

五胡十六国分布形势图

嘎仙洞刻文。嘎仙洞内的刻文，是北魏时镌刻的，记述了鲜卑族的起源与先祖的业绩。

嘎仙洞，位于今内蒙古鄂伦春自治旗阿里河镇北大兴安岭北段东端，是鲜卑族的发祥地。

建立了几个小国。史家把这段时间内在中国境内汉族传统政权版图以外地区建立的国家统称为"十六国"。这种说法是因袭北魏时崔鸿撰写"十六国春秋"而来。

十六国的名称是匈奴族所建的前赵（刘氏）、北凉（沮渠氏）、夏（赫连氏）；羯族所建的后赵（石氏）；鲜卑族所建的前燕、后燕、南燕（以上三国均慕容氏所建）、西秦（乞伏氏）、南凉（秃发氏）；羌族所建的后秦（姚氏）；氐族所建的前秦（苻氏）、后凉（吕氏）、成汉（李氏）；以及汉人所建的前凉（张氏）、西凉（段氏）、北燕（冯氏）。在同一时期，常有两个以上的国家并立，但从无十六国并立的事。

永嘉乱后胡族在荒圮的帝国废墟上竞行建国。他们的兴衰约可分为5期：第一是赵、蜀和东晋三国鼎立时期。中原迭为匈奴刘氏的前赵与羯族石氏的后赵所据，氐族李氏所建的成汉则僻据巴蜀，与偏安江南的东晋政权相对抗。第二是前燕、前秦与东晋鼎立时期。鲜卑慕容氏的前燕与氐族苻氏的前秦分据北方，南方仍为东晋。第三是前秦与东晋对峙时期。前秦苻坚灭前燕，统一北方，号称极盛，与东晋南北对峙。第四是后秦、后燕与东晋鼎立时期。苻坚发动南侵，败于淝水，北方再度分裂为诸国并立状态，其中以鲜卑慕容氏的后燕及羌族姚氏的后秦最强。第五是北魏、夏、凉与东晋并立时期。北方诸胡混战，东晋刘裕发动北伐，灭南燕、后秦等，旋即退兵。北方复陷于分裂局势，匈奴赫连氏屡据关中，鲜卑秃发氏的南凉与匈奴沮渠氏的北凉迭据西北。同此时期，鲜卑拓跋氏厉行复国运动，建立北魏，渐有统一列国，结束五胡乱华之势。

汉、前赵、后赵

刘聪灭西晋后，匈奴族的汉国控制了黄河中下游的广大地区。318年，刘聪病死，外戚靳准杀新继位的刘灿及刘氏家族，坐镇长安的刘曜遣兵族灭靳氏，迁都长安，改国号为赵，史称前赵。次年，割据河北的石勒称赵王，都襄国，史称后赵。羯人石勒（274年—333年）在投靠刘渊后逐渐控制了河北广大地区。后赵建国前后，石勒利用矛盾各个击破，逐步削平了敌对的幽州王浚、并州刘琨、青州曹嶷等势力，公元328年洛西一战擒获因酗酒而酩酊大醉的刘曜，次年攻入关中灭前赵。330年，石勒称帝，迁都邺城。除河西前凉张氏外，基本上统一了北方。石勒在政治上很注意拉拢汉族失意士人，石勒还恢复九品中正制度，并通过察举、考经等办法，为士人参政广开门路。石勒设太学，使"胡"族贵族子弟入学，学习汉族文化。333年石勒死，他的侄子石虎杀太子石弘自立为帝，石虎是一个嗜杀成性、荒淫无耻的暴君，愁

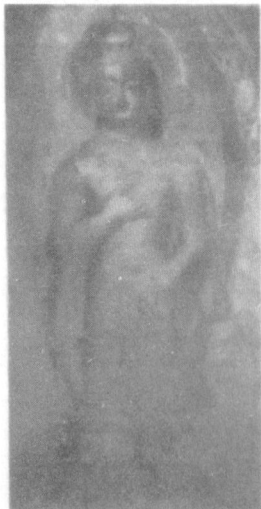

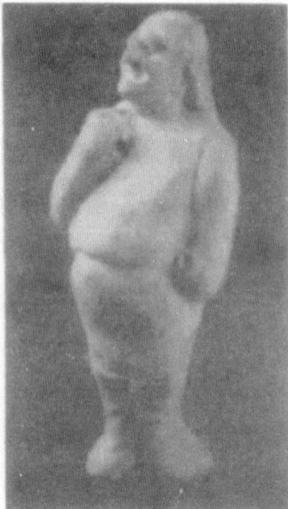

说法图。北凉时期敦煌壁画。

胡人俑。北魏时代文物。"胡人"是古代中原人对北方草原游牧民族的泛称。

佛像。炳灵寺西秦时期作品。

交脚弥勒菩萨。北凉时期敦煌彩塑

怖病死。

冉魏

石虎死后，诸子争位，汉人冉闵掌握了后赵兵权，乘机夺得政权。石虎之子石只在襄国称帝，"六夷"纷纷响应，东晋政权坐视不救，冉闵无日不战，352年被从辽西南下的鲜卑慕容部灭。

前凉

从"八王之乱"到"五胡乱华"，西晋凉州刺史张轨及其子张寔守土保境，中原人民纷纷前来避乱，张氏子孙世守凉州，人民生活比较安定。汉族士人在那里传授儒学，保存了中原失传的一些经籍和学说。

前燕

建立前燕的鲜卑慕容部又称"白部"，居住在辽河流域。晋末中原大乱，一批汉族官僚地主带着宗族、部曲以及大批流民避乱迁居辽西。瘣死，子皝于337年称燕王，建立了前燕，都龙城（辽宁朝阳）。定居农业使鲜卑慕容部开始走上汉化的道路。348年，慕容皝死，子儁继位，他乘石虎死后冉闵代赵时的混乱局面轻而易举地击灭了冉魏，于352年称帝，迁都邺，控制了中原，与关中的前秦东西相峙。慕容儁死后，由年仅11岁的儿子慕容暐继位，政治局面开始逆转。统治集团日益腐化，前燕国势日益衰败，370年为前秦所灭。

前秦

前秦政权由氐族建立。当冉闵屠杀胡羯时，关陇氐羌流民相率西返，居于枋头（河南浚县西南）的羌酋苻洪趁机收罗，聚众十多万，自称三秦王，苻洪死，子健继立，公元351年自称天王，国号秦，都长安，建立了前秦。苻健死，继位的苻生极其荒淫残暴，苻健的侄子苻坚在宗室大臣和宿卫将士支持下，杀苻生，做了大秦天王。苻坚重用汉族寒门士人王猛，进行了一系列改革，广立学校，提倡儒学，把注意力放在恢复和发展生产方面。370年，灭前燕。376年，发兵灭前凉。同年，又出兵灭鲜卑拓跋部在代北建立的代国，统一了北方。383年，苻坚发兵90万，企图一举攻灭东晋，在淝水战场上，晋军获得了巨大胜利。前秦统治迅速土崩瓦解。前秦瓦解后，原苻坚控制下的各族尊酋领纷纷建立自己的政权，北方重现了严重的分裂局面，出现了 13 个政权。

关东诸燕

在关东地区，前燕贵族慕容垂收罗旧部，集众 20 万，于 384 年自称燕王复国，定都中山（河北定县），史称后燕。次年，前燕帝裔慕容冲在关中称帝，386 年率鲜卑 30 余万众进入山西，建都长子（长治），史称西燕。同年鲜卑拓跋珪在代北复国，都盛乐（内蒙古和林格尔），后改国号魏，史称北魏。

佛头部。北魏时期敦煌彩塑。

395年拓跋铁骑长驱直入中原，后燕被截为南北两部，一部由慕容德率领南下定都广固（山东益都），史称南燕，至410年被晋刘裕北伐军所灭；另一部退还龙城，由于政治昏乱，政权被汉人冯跋取代，史称北燕。北燕在辽西割据20余年，于436年为北魏所灭。

关中秦、夏

关中地区羌酋姚苌于384年起兵渭北，386年姚进入长安称帝，国号大秦，史称后秦。姚苌任用汉族士人，整饬吏治，使前秦末年的混乱局面有所改观。姚苌死后，姚兴（366年～416年）继位。417年被东晋刘裕北伐军所灭。

赫连勃勃是匈奴左贤王刘卫辰之子，407年，他自称大夏天王，国号夏，都统万（陕西横山）。铁弗部受汉文化影响较少，长期游牧统治一直不稳，427年被北魏所灭。

陇右诸国

在陇右河西走廊一带，先后建立过五个短期小王国。鲜卑乞伏部乞伏国仁建立西秦（385年—431年），都苑川（甘肃榆中）；氐人吕光自西域退回河西，建立后凉（385年—403年），都姑臧（甘肃武威）；鲜卑秃发部秃发乌孤建立南凉（397年—414年），都廉川堡（青海东都）；卢水胡沮渠蒙逊建立北凉（397年—439年），都张掖；汉人李嵩建立西凉（400年—421年），都敦煌。由于这一地区经济水平较低，民族关系复杂，没有一个民族能够在这里起主导作用。

胡人妇女风情入主中原

魏晋南北朝时期，我国历史外出现了第一次民族大融合高潮。北方的游牧民族开始进入中原，汉族和少数民族混杂而居，互相通婚，和睦相处，精神风貌大异于以往，突出的一点是：胡人妇女风情入主中原，故魏晋南北朝时妇女的社会地位与其前代时代相比，是比较高的，她们的精神生活相对丰富而充实。

入主中原的北方游牧民族脱离原始社会阶段的时间大多较迟，在它们的社会里，母系氏族社会的风俗浓重，如在乌桓族，妇女倍受尊宠，氏族内的事务，除战争以外，几乎都由妇女主持和安排；鲜卑族拓跋部也是一个明显的例子，而且它对中原汉族社会影响最大。在建立北魏王朝以前，拓跋部的社会刚刚脱离母系氏族社会不久，母权制的影响还非常明显，妇女经常干预部落联盟议事，部落的最高权力也通常为女子执掌，一直到北魏建立时，仍有开国皇帝道武帝拓跋珪的母亲贺氏干预部落联盟议事的现象。

拓跋部入主中原后，母权制的遗风仍旧顽强地存在，并且影响了整个北朝的政治。文明太后冯氏是文成帝的皇后，她曾

北魏屏风漆画列女古贤图（局部）

两次临朝听政，并在北魏王朝的太和改制中起了关键性的作用；宣武帝元恪的皇后灵太后胡氏，也曾控制北魏朝政十多年。更有太武帝的保姆惠太后、文成帝的乳母昭太后干预北魏朝政的历史，于此也可说明在北魏王朝的政治生活中，妇女所起的作用是不容忽视的。

进入中原的游牧民族妇女，不单在政治生活中，而且在社会交往中以及家庭生活中也都占有比较高的地位，从魏晋到北齐、北周一直如此。经常出现妇女主持家庭，出面打官司，代儿子求官，为丈夫诉屈，甚至拉关系、走后门等现象。这种作风不可避免地影响到汉族的士大夫家庭，致使汉族士大夫之家也是阴盛阳衰者居多，汉族妇女在家庭生活中地位明显提高。

因游牧民族风俗的影响，差不多从三国时代（其时已出现民族大融合的趋势）开始，汉族妇女风情发生了巨大的变化，颇有"胡风"。虽然她们在汉族王朝中登上政治舞台的为数不多，但在社交界中表现得却十分活跃。曹魏陈留太守夏侯惇举荐卫臻为计吏时就曾让妇人出席宴会，是汉族妇女参加社交活动的较早的例子。西晋之际，士族妇女交游之风逐渐盛行，她们往往一群一伙地出游，一路喧哗，无所顾忌地招摇过市；她们不仅在许多公开场合抛头露面，在男女间的交际中也可达到交杯咫尺、促膝狭坐的地步。《世说新语》里记载有众女调戏潘安的事，是魏晋南北朝妇女无拘无束进行社会交往的表证。

社交方面的活跃，促使妇女们在爱情和婚姻上也表现得比较放达，热情奔放地追求爱情与婚姻自由的妇女

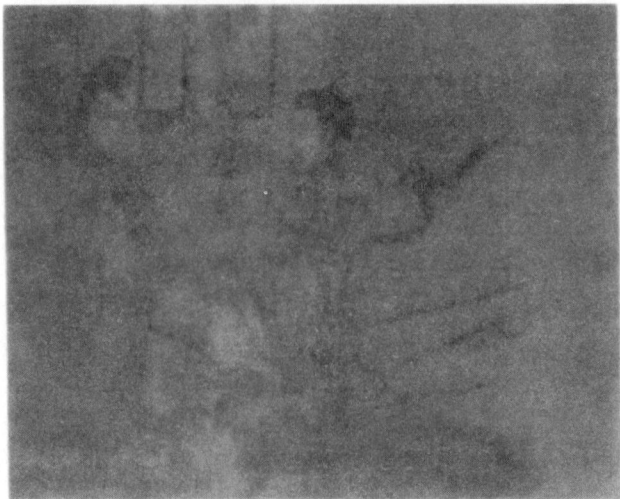

北魏屏风漆画列女古贤图（局部）

不乏其人。如西晋贾充的女儿贾午，在宴席上相中了仪态潇洒、眉清目秀的韩寿，就坦率追求；其父对她的行动表示出开通和赞许。

河南邓县出土贵妇出游画像砖

同一时代徐邈的女儿也是主动追求意中人而终成眷属的。这是和当时达观的爱情婚姻观念分不开的。

魏晋南北朝时期不仅不以少女追求爱情为非，也不以寡妇再嫁为耻。当时帝王如曹丕、刘备、孙权等娶的皇后，都是寡妇。东晋范宁给孝武帝上疏中称："鳏寡不敢妻娶，岂不怨给人鬼、感伤和气。"可见，当时不仅不反对寡妇再嫁，甚至有些人是抱鼓励态度的。

胡人妇女风情入主中原不仅体现在社交、爱情、婚姻与家庭生活上，更集中体现在当时妇女的精神面貌和文化生活中。东晋顾恺之的名画《＜女史箴＞图》为后世留下了当时妇女自然、潇洒、追求理想的风姿。当时知识女性的代表卫铄，也为后代留下了珍贵的书法作品。

胡人妇女风情中，也包括豪放、坚强的尚武精神。妇女习武，魏晋之前，史籍不多见，而在魏晋之时已成一个普遍的社会现象，流传至今的木兰代父从军故事便是一个最好佐证。而且，此时期妇女习武活动不仅是空前的，而且其俗绵延不绝。隋唐之时，妇女仍然尚武以及参加球类、棋类、杂技等体育活动，说明魏晋尚武之俗对后世是有相当影响的。

吐谷浑灭夏

　　胜光四年（431年）六月，大夏灭亡。

　　夏赫连氏本为匈奴的一支，与汉通姻，很长一段时间从刘姓。传至赫连勃勃时，因赫连勃勃是个野心很大、不甘居人下的匈奴贵族，遂于东晋义熙二年（406年），袭杀收留他的岳父、后秦高平公没弈干，兼并其部众，次年，自称天王、大单于，建元龙升元年，设置百官。他认为匈奴是夏后氏的后代，故国号大夏，又认为匈奴从母姓姓刘不合理，遂改姓赫连氏。赫连勃勃称王后，连年攻伐，并于东晋义熙十四年（418年）进据长安。南朝宋元嘉三年（426年），勃勃第五子赫连定继称皇帝于平凉。南朝宋元嘉八年（431年），赫连定侵入西秦，西秦向魏求援。未及魏出兵，西秦王乞伏暮末便被赫连定斩杀。因惧怕北魏逼侵，赫连定驱使俘获的西秦民众十余万人，准备渡过黄河袭击沮渠蒙逊，夺取北凉土地。吐谷浑王慕璝派慕利延、拾虔率三万骑兵半途埋伏，等到夏兵渡至河中时，突然发兵袭击，大败夏军，生擒夏王赫连定，并将其押送北魏，大夏灭亡。夏自东晋义熙三年（407年）建国，至北朝北魏神麚四年（431年）灭亡，立国35年，共三主。

西凉乐流行于北方

从十六国起，北方开始盛行《西凉乐》。《西凉乐》起自前秦之末的凉州，当时称为《秦汉伎》。北朝北魏太武帝太延五年（439年），太武帝拓跋焘平定凉州，将那里的乐舞艺人及乐器、服装、舞饰等掠回京师平城，由此得到当地所传的《秦汉伎》，并改称《西凉乐》。在北魏、北周之际，《西凉乐》又称《国伎》，曾被用于宾嘉大礼。北齐制定宫庭雅乐时，也将《西凉乐》作为"洛阳旧乐"予以吸收运用。这种由"凉人所传中国旧乐而杂以羌胡之声"（《旧唐书·音乐志》）的《西凉乐》，实际上成了西域各族乐舞（以龟兹乐为主）与中原汉民族乐舞（也包括某些《清商乐》的成分）融汇贯通后的新型乐舞。《西凉乐》不仅于南北朝时流行于北方，而且一直盛行至隋唐。

魏冯太后杀子·临朝称制推行汉化

北朝北魏承明元年（476年）六月十三日，北魏冯太后鸩杀太上皇拓跋弘（献文帝），临朝称制。北朝北魏延兴元年（471年），魏献文帝拓跋弘把帝位传给他的5岁儿子拓跋宏，是为孝文帝。政令多从献文帝。献文帝之母冯太后为文成帝的皇后，魏和平六年（465年）文成帝卒，子拓跋弘12岁即位，

山西大同冯太后永固陵"童子捧蕾图"浮雕

尊为皇太后。天安元年（466年）丞相乙浑谋逆，太后密定大计，诛浑，遂第一次临朝称制。次年（467年），皇孙拓跋宏生，太后亲自抚养，宣布不听朝政。第一次临朝称制时间仅一年还政。冯太后独居寂寞，与李奕私通，颇有丑闻。献文帝不满，因事诛杀李奕。太后怒，遂有害献文帝之心。延兴六年（476年）六月，冯太后暗使鸩毒，献文帝暴卒，年仅23岁。冯太后遂再次临朝称制，大赦天下，改元承明，时孝文帝年幼（10岁），尊太后为太皇太后。冯太后为长乐信都（今河北枣强县西北）人。父冯朗，北燕末主冯弘之子，母乐浪王氏，均为汉族。太后由于出身及家教关系，自幼崇尚汉文化，性聪慧，知书计，通晓政事，但为人猜疑，多权数。孝文帝又孝顺，处处顺从祖母心意，事无大小，都由太后决定。太后也自由了断，不与孝文帝商量。冯太后宠信王琚、张佑、王遇、苻承祖、王质等，皆恃宠用事。张佑官至尚书左仆射，爵新平王；王琚官至征南将军，爵高平王；其余之人也官至侍中、吏部尚书、刺史；爵为公、侯、赏赐巨万，赐铁券，许以不死。外臣如秘书令李冲，虽是凭才能当官，亦由冯太后私宠，赏赐不可胜计。

冯太后执政时，威福兼作，无人敢违，主持班禄，决定推行三长制、均田制、新租庸调制等改革，对北魏一代政治影响甚大。拓跋宏后来大革胡俗，推进汉化，与受太后教育颇有关系。魏太和十四年（490年）冯太后死，魏孝文帝开始亲政。

诸蛮起义

梁石俑

北朝北魏孝昌元年（525年）是魏国的多事之秋，军镇作乱，外族入侵，魏政权忙于应付，焦头烂额。各地臣服的少数民族乘机造反。这年十月，西荆、北荆、西郢等州的少数民族纷纷起义，大的上万家，小的几千家，在部落首领的带领下，称王称侯，屯据在地形险要的地方，甚至还引着梁朝兵马前来攻打魏朝。

魏帝又气又恨，十二月下诏将要亲自征伐。当时少数民族带着梁将曹义宗等率军围住魏国荆州，魏都督崔暹统率几万魏兵前去解围。到了鲁阳地带，看到梁军势大，鲁阳少数民族又挡住要路，魏军不敢贸然前进。魏朝又派王或作征南大将军，率兵讨伐鲁阳少数民族；并命令辛雄带兵赶往叶城，裴衍等率兵一万打通三鵶路，前去救援荆州。裴衍还没到达，各路起义的少数民族听得魏帝将亲自率领大军前来剿杀，料知抵挡无异于螳臂挡车，于是走为上计，纷纷四散逃避。少数民族的起义，终因势单力薄，很快被平定，但也给魏朝造成了不小的混乱。

魏莫折大提起义

北朝北魏正光五年（524年）六月，秦州（今甘肃天水）人民在六镇起义的推动下，发动起义，杀死了残虐贪暴的秦州刺史李彦，共同推举羌族人莫折大提作为起义军的统帅。莫折大提自己封称秦王。莫折大提在秦州起义后，南秦州的人民在张长命、韩祖香的率领下杀死刺史崔游，起义响应。莫折大提一面跟南秦州的起义军联络，一面命令部下进攻高平。不久城破，起义军斩杀了守将郝连略、行台高元荣。莫折大提随即病死。他的儿子莫折念生继位，号称天子，年号天建。莫折念生派遣他的弟弟莫折

北魏持弓武士俑

天生率领起义军向陇进攻。北魏赶紧派大军镇压。莫折天生将官军打得大败而逃，又攻克泾州、歧州、凉州等地，擒杀都督元志及刺史裴芬之。这支义军在关陇的势力迅速壮大。到孝昌三年（527年）正月，莫折念生攻雍州时战死，余部溃散；九月，秦州城民杜粲叛变，将莫折念生全家杀死。至此，莫折大提起义失败。

东西魏与柔然和亲

北朝女官俑。直立状女官俑计四十五件，均戴黑色笼冠，穿右衽大袖衫，杏黄长裙，腰束白带。左手弯曲于腹部，握裙一角，裙角呈扇形。左手作握器状，有拳眼。大眼小嘴，面带微笑。形体简括，但不失于呆板。

值北魏分裂之际，北方的柔然部势力日益强盛。东魏、西魏双方为了不致树敌过多，都向柔然献殷勤。东魏天平二年，西魏大统元年（535 年），东、西魏分别与柔然和亲。

东魏天平二年，柔然敕连头兵豆伐可汗阿那瓌向东魏求婚，高欢连忙封宗室常山王之妹为兰陵公主，嫁给阿那瓌为妻。柔然屡侵西魏，大统四年，西魏文帝封舍人元翌之女为化政公主，嫁给阿那瓌的兄弟塔寒，自己娶阿那瓌之女为郁久闾后。柔然郁久闾后妒嫉原皇后，阿那瓌不满意，率兵渡河，要求废原皇后乙弗氏。宇文泰于是逼乙弗氏为尼，后又逼其自杀。高欢随即也与正妻匹娄氏分居，而娶阿那瓌爱女为正室。

两魏相争，柔然坐收渔利20年，直到北齐天保三年（552 年），阿那瓌被突厥击败自杀，柔然势力衰落才结束。

胡舞涌入中国

　　"胡舞"是我国史籍中对西域少数民族及某些外域舞蹈的泛称。秦汉时期，由于中原与西域之间的沟通交流，外域舞蹈已开始传入中原地区。魏晋南北朝时期，北方少数民族先后入主中原。在短短二百多年间，朝代兴迭，战争连绵，各族人民不断迁徙杂居，于是在我国北方出现了各民族大融合。

伴随着这种情况，各民族的文化艺术也开始了大交流。在这种背景下，"胡舞"大量地涌入中国，并受到中原与江南地区人民的喜爱。

　　根据《魏书》《隋书》《旧唐书》等史籍的记载，以及已发现的反映这一时期乐舞的砖刻石雕图像来看，南北朝时期涌入中原的胡舞大致有西域乐舞、西凉乐舞、高丽乐舞和鲜卑等北方民族乐舞，其至还有西域传入的宗教

北周伎乐壁画

仪式乐舞，以及从印度、尼泊尔辗转传来的舞蹈。西域乐舞包容种类最多，主要有龟兹乐舞、胡戎乐舞等。见于史籍而又有名称的胡舞有《狮子舞》、《凤凰舞》、《胡旋舞》、《胡腾舞》等。这些舞蹈大都有强烈的节奏感，又有腾踏、跳跃、旋转等高难动作，有很强的艺术感染力。杜佑《通典》卷142记述了当时胡舞大受欢迎的情况，还说"感其声音莫不奢淫躁竞，举止轻飙，或踊或跃，乍动乍息，跷脚弹指，撼头弄目，情发于中，不能自止"，因此进而担心"胡声足败华俗"，这从反面证明了胡舞的艺术魅力。这或许就是胡舞之所以能大量涌入中国并受到普遍欢迎的主要原因吧。

　　然而胡舞进入中原，首先是和战争联系在一起的。北朝统治者每征服一地，即输入当地音乐舞蹈，一方面是为了自己享乐生活的需要，另一方面又

北齐胡角横吹壁画

可借这些异域乐舞夸耀武功和德治。北魏太武帝拓跋焘打败赫连昌，得到古雅乐；后平定凉州，得到当地所传《秦汉伎》，从此称作《西凉乐》，又将那里的乐舞艺人及乐器、服装、舞饰等掠运回来。他还从西域带回了疏勒（今新疆疏勒一带）、安国（今中亚希哈拉）的伎乐；又下令将西域悦般国（匈奴西迁后留在龟兹北部的匈奴人所建的政权）的"鼓舞之节，施于乐府"，归入宫廷乐舞机构管理。北魏灭北燕后，又得到北燕所传的《高丽乐》。其次朝廷之间的交往也给胡舞进入中原带来了契机。此外异地民间乐舞戏班的来访，为胡舞传播中原作出一定的贡献。

大量胡舞的涌入，使得这一时期出现了各族乐舞杂陈并举的情况。《宋书·乐志》记载，（刘）宋时有"西、伧、胡诸杂舞"。北齐杂乐有"西凉鞞乐"、"清乐"、"龟兹乐"，齐后主高纬特别欣赏"胡戎乐"（即西北少数民族乐舞）。不仅在宫廷宴乐中如此，而且在宗教寺院为宣传教义、广招信徒而举办的宗教歌舞中，也出现了中原与西域乐器并列杂陈，中西乐舞会于一堂的情况。

由于胡舞与中原乐舞（即"清商乐舞"）大交流大融合，于是产生了新型的音乐舞蹈。最为典型的代表是《秦汉伎》（后称作《西凉乐》），它就是由西域的《龟兹乐》和盛传于凉州的"中原旧乐"融合而成。北齐制定宫廷雅乐时，也将《西凉乐》作为"洛阳旧乐"予以吸收运用。

李世民灭西秦

唐武德元年（618 年）十一月，李世民灭西秦，解除了西方的威胁。

唐初，薛举、薛仁果父子国号西秦，以金城为中心，占有陇西之地，军队号称 30 万。八月，薛举病死，薛仁果继位。西秦人心不稳，各相猜忌。谋士郝瑗患病不起，西秦国势由此衰败。

薛仁果刚继位，李渊就任命李世民为元帅，讨伐西秦。大军至高墌（今陕西长武），李世民坚壁不战，养精蓄锐，与敌将宗罗睺对峙 60 多天。结果，薛仁果粮尽，其将梁胡郎、翟长孙等相继率部降唐。李世民知道薛仁果缺粮，将士上下离心，无力再战，决定择时反击。他派行军总管梁实在浅水原扎下大营，引诱西秦攻打。宗罗睺中计，倾精兵围攻。梁实与唐军士兵同甘共苦，守险不出。李世民又使右武卫大将军庞玉接应，自己则统兵从浅水原北面攻入敌阵。西秦军队四散溃逃，数千人被唐军消灭。李世民不顾窦轨的苦谏，选派精锐骑兵 2000 多人，亲自乘胜追击，进围薛仁果于高墌城下。唐军在秦王指挥下奋勇攻城，西秦骁将浑干等人临阵降唐，薛仁果被迫退守城池负隅顽抗。此时，唐朝的后继部队也开到高城下，与李世民军兵会合，猛烈攻城。守城兵士纷纷弃城投降。十一月，薛仁果见大势已去，被迫出城投降。

西域音乐统治中国

隋唐时期，中国政治稳定，经济繁荣，中国文化也达到一个高峰时期。以此为基础，再加上对待外来文化的兼收豁达，使得隋唐王朝与各国外文化的交流日益兴盛。表现在音乐方面，则是边远地区各少数民族和邻国各民族的音乐艺术，相继传入中原地区，并得到广泛的发展，成为中原文化不可或缺的一部分，其中尤以西域音乐为最。

西域音乐之所以能传入中原并得到推广，原因是多方面的。首先，隋唐王朝要有足够的经济实力，才能支付音乐团体的巨大开支，这是经济基础；其次，隋唐王朝各皇室的血缘关系使得他们易于接受来自西域的音乐，如唐高祖母亲元贞皇后，姓氏为独孤氏，这一血统与匈奴族有很大牵连；最后，隋唐王朝各皇室的祖籍居住地与西域有着类似的文化，地理联系背景也促成了西域音乐的传播，如唐高祖李渊是成纪（今甘肃安北）人，祖籍则在狄道（今甘肃临洮），均属陇西地域，与西域的文化背景极为类似，语言、文化、生活习惯有很多相通之处，故接受西域音乐自然在情理之中。

西域音乐在中原地区的传播，并与中原旧有的汉族传统音乐相融合，最后被官府以乐部的形式加以确认。依时代不同，被确认的乐部数目也有所不同，如隋朝开皇初年是七部乐，到大业中年则为九部乐，唐王朝武德初年为九部乐，到贞观十六年则扩展到十部乐。这里所说的乐部的数量是指当时官府确认的乐曲的数量。大致有燕乐、清商乐、西凉乐等等。其中有的乐部承袭自中原旧有的传统音乐，而大部分则是来自于西域音乐，如唐贞观十六年（642年）的十部乐（燕乐、清商乐、西凉乐、高昌乐、龟兹乐、疏勒乐、康国乐、安国乐、天竺乐、高丽乐）中，除清商乐为中原旧有，高丽乐来自东

　　唐舞乐屏风。绢本设色，新疆吐鲁番阿斯塔那230号出土，该墓共出土舞乐屏风六扇，屏风上画二舞伎四乐伎，每扇一人，左右相向而立。右边舞伎挽高髻，额描花钿，曲眉凤目，面颊丰腴。身穿蓝地卷草纹白袄，锦袖红裳；足着高头青绚履，左手拈披帛，右手虽残，仍可看出微微上举之势，似正挥帛而舞，整个人物显得飘逸俊美，婀娜多姿。绢画右上角还画了一只展翅飞翔的凤鸟，使整个画面显得生动活泼。左边乐伎持筚篥，身穿宝相花团锦袖袄，着皮靴，形象亦优美。其技法线条流畅，笔法细腻，为初唐时期的绘画精品。

方邻国外，其余八部都是来自于西域音乐，其中又以龟兹乐对中原音乐的影响最大。

西域音乐在中原的具体体现曲目，有《霓裳羽衣》和《秦王破阵乐》。《霓裳羽衣》是唐玄宗在西凉节度使杨敬述所献的《婆罗门曲》的基础上加以润饰而成的，情调幽雅清丽，着力渲染虚无缥缈的天外世界。全曲分三大部分：散序（六小段）、中序（十八小段）和入破（十二小段）。《秦王破阵乐》也是唐代大型宫廷乐舞，讲述秦王李世民打败叛将刘武周，百姓为之欢呼的故事。

西域音乐在中原的传播，使得唐代宫廷音乐带有浓郁的西域地方色彩，强大地震撼了中原旧有的音乐传统，极大地影响着后来的中华音乐文化的发展。

穆斯林建怀圣寺光塔

唐代时，旅居广州的外国人以阿拉伯和波斯人为主，他们保持自己的风俗习惯和宗教信仰。相传唐太宗贞观年间，穆罕默德近臣阿布·宛葛素由海道来广州贸易并传教，在广州城西建伊斯兰寺、塔各一，作为广州穆斯林祈祷和礼拜之所。

怀圣寺为我国最早的伊斯兰教清真寺，光塔在怀圣寺的西南角，高 36.3 米，呈下大上小的圆筒形，上面加一同形小塔；小塔上部挑出两层叠涩出檐，再加一笔头形尖顶；塔下部南北对开两个入口，有螺旋形磴道对旋而上。塔内外粉刷成白色。

光塔是中国现存最大的邦克楼之一，据传因"邦"与"光"音近，加上塔身光洁，故称光塔，又称"唤醒楼"，其主要功能是召唤信徒参加礼拜。

怀圣寺（光塔寺），位于广州先塔路，建于唐代，我国现存最古老的清真寺之一。

唐锦流行于西域

唐锦是唐代工艺水平最高、最为精美的丝织工艺品。在唐代，它已在西域广为流行。

唐代以前，织锦多为经丝显花，称为经锦。唐代，由经丝显花一变而为纬丝显花，故唐锦又称为纬锦。一般用多种色纬分段换梭法织成，或用打纬器将纬丝打紧打密，使得织锦色彩绚丽典雅且花纹突出，丰富多变。

初唐时期织锦多为联珠纹锦，风格多样，一派异彩纷呈的繁盛景象。这一时期织锦花纹明显地受到波斯萨珊织锦的影响，萨珊锦的原型清晰可寻，异族情调很浓。随着民族工艺水平的不断提高，这种异域风格逐渐减少，民族风格愈趋浓郁。盛唐时期，织锦结构严谨，丰满华丽，雄健豪放，昂扬的时代精神和盛唐气象营铸其中。这时联珠纹锦减少，而诸如团花纹锦、对称纹锦、几何纹锦、散花纹锦、晕绸锦等发展起来。其中联珠团窠纹是联珠纹和团窠纹的组合，后者一般在同样大的圆形排连接的每个圆的周围用联珠圆环作边饰，圈中间以动物、人物或花朵等立体纹样装饰，而对称纹则格

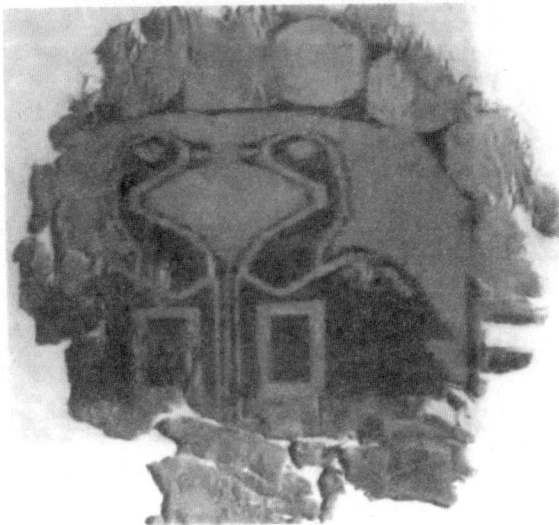

唐代联珠对鹅纹锦

式左右相对，纹饰多飞禽走兽及人物，树纹也较常见，几何纹样则多为字、双、龟背、锁子、棋格、十字、锯齿等形状，此外还有将花朵、花、叶、花托等形象四向放射或多向放射，组织成多层次装饰花纹的宝相花纹和以雪花为原型的瑞锦纹、无固定规则的散花纹等。无不色彩鲜艳、富丽华贵。

新疆吐鲁番阿斯塔那唐墓出土的《花鸟纹锦》鸟语花香、富丽堂皇，比较完整地表现了大唐织锦风彩。该墓下葬时期为大历十三年（778 年）。而垂拱四年（688 年）下葬的阿斯塔那张雄夫妇墓中出土的泥头木身锦衣女俑，身着两件丝织品为缂丝和双面锦，更显珍贵。

唐代新疆出土纹锦

唐蕃和亲

唐蕃和亲是在吐蕃立国之初开始的。

7世纪初，松赞干布统一吐蕃后，就与唐建立了和好关系。但在以后的发展过程中，这种关系并不是一帆风顺的，在和好的同时伴以矛盾、冲突，常以兵戎相见。除小的边界摩擦之外，两国还多次发生大的军事冲突。

唐蕃之间尽管斗争比较激烈，但总的来看，矛盾、冲突是暂时的或局部的，和好总趋势并没有断，在634年至846年的213年间双方使节往来异常频繁，据不完全统计，共有191次，其中唐入吐蕃66次，吐蕃入唐125次。使臣的任务各种各样，主要是双方的和亲与会盟。

唐与吐蕃的和亲是在吐蕃建国之初开始的。松赞干布渴慕唐风，以能与唐和亲为荣。

634年，松赞干布遣使入贡并请婚。唐太宗婉言拒绝，派冯德遐前往抚慰。松赞干布又遣使随冯德遐入朝，"多赍金宝，以奉表求婚"，亦未获准。

松赞干布为引起唐政府的重视，发兵直指唐松州（今四川松潘），为唐军所败。退兵后马上"遣使谢罪，因复请婚"。640年，松赞干布又遣大相禄东赞至长安，献金5000两，珍玩数百请婚。太宗许嫁宗女文成公主。641年初，文成

西藏大昭寺文成公主金像

立于西藏大昭寺门前的唐蕃会盟碑

公主在唐送亲使江夏王李道宗和吐蕃迎亲专使禄东赞伴随下，出长安去逻些完婚。

据《吐蕃王朝世袭明鉴》等书记载，文成公主一行队伍非常庞大，唐太宗的陪嫁十分丰厚，有"释迦佛像，珍宝，金玉书橱，360卷经典，各种金玉饰物"，又给多种烹饪食物，各种饮料，各种花纹图案的锦缎垫被，卜筮经典300种，识别善恶的明鉴，营造与工技著作60种，治404种病的医方100种，医学论著4种，诊断法5种，医疗器械6种。又携带各种谷物和芜菁种子等入藏。松赞干布亲迎于河源，对唐行子婿之礼，还专建宫室供文成公主居住。文成公主的随行队伍中还有各种工匠，这一队伍成为传播中原先进的农业、手工业、文化科学技术的使者。

唐高宗初年，又应请送去蚕种和善于酿酒、纸墨的工匠。吐蕃还派大批贵族子弟到长安国子监学习，唐的文人也受聘到吐蕃管理文书，连唐贵族的服饰也传入吐蕃。

吐蕃赞普松赞干布塑像。在位时先后统一西藏地区诸部，建立吐蕃奴隶制政权。641年与唐文成公主联姻。对藏族社会经济、文化的发展，加强藏、汉两族的兄弟友好关系作出了贡献。

文成公主在吐蕃生活了近40年，一直倍受礼遇并深得吐蕃人民的爱戴，680年病故。

681年，吐蕃又请求婚武则天之女太平公主，遭到拒绝。703年，吐蕃又遣使献马1000匹，黄金2000两，上表求婚。武则天应允，后因吐蕃赞普西征泥婆罗战死而作罢。

707年，吐蕃遣其大臣悉薰热入贡求婚，庸中宗允以养女（雍王守礼女）金城公主为吐蕃赞普妻。709年，吐蕃遣其大臣尚赞咄等千余人至长安迎亲。710年金城公主成行。中宗赐"锦缯别数万，杂伎

唐蕃古道上的日月山。这里是农区与牧区的分界，相传文成公主入藏时在此摔掉了皇上赠予的日月宝镜，以坚定入藏决心。

诸工悉从，给龟兹乐"，并亲至始平县（今陕西咸阳西北）送行。金城公主的和亲进一步促进了唐与吐蕃的经济、文化交流，唐的大量丝织品和生产技术更广泛地传入吐蕃。应金城公主之请，731年唐还赐给吐蕃"《毛诗》、《礼记》、《左传》、《文选》各一部"。赤德祖赞、金城公主则献方物入贡。在政治上金城公主在缓解唐与叶蕃的冲突，促成双方的会盟等方面也起了积极的促进作用。

突厥文字在北方广泛使用

突厥文是古代突厥、回纥、黠戛斯等操突厥语诸民族使用的文字。由于它与古代北欧日耳曼民族使用的卢尼（Runic）文外形相似，所以有人称之为"突厥卢尼文"。这种文字的重要碑铭发现于鄂尔浑河和叶尼塞河流域，故也被称为"鄂尔浑——叶尼塞文"。

关于突厥文的起源，一般认为，其40个字母中有23个来自阿拉美文（后期塞姆文），它们是通过中亚伊兰系民族传入突厥，并逐渐适应突厥语的语音特点的。除这23个字母之外，还有一些是来自突厥族使用的纹章（即氏族或部落的标志）和象形符号。至于突厥人最初在何时、何地接触阿拉美文，并以其字母作为突厥文基础的问题，至今尚无定论。但有一点是肯定的，即突厥人是通过粟特人接触阿拉美字母的。

突厥文的文献不像回鹘文、察合台文那样多，主要是一些碑铭和写本。属于突厥汗国时期的碑铭有《厥特勒碑》、《毗伽可汗碑》、《翁金碑》、《暾欲谷碑》、《厥利啜碑》、《乔林碑》，属于回纥汗国时期的碑铭有《回纥英武远毗

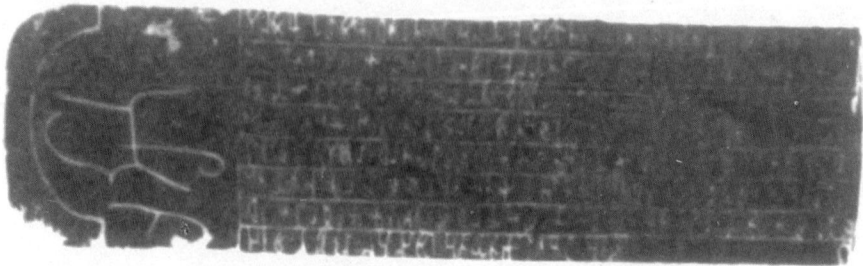

突厥文《翁金碑》。突厥文字母半数以上有见于不同文献的变体，有的字母甚至有五至六种变体。《翁金碑》是突厥汗国骨咄禄可汗的记功碑，建于公元七世纪末八世纪初。

伽可汗碑》、《铁尔洿碑》、《九姓回鹘可汗碑》、《塞夫列依碑》、《苏吉碑》等。此外还有在叶尼塞河和中亚七河流域发现的属于黠戛斯、西突厥的碑铭百余个。

突厥文的写本是在本世纪初随新疆、甘肃敦煌大批古代文物的出土先后发现的。其中重要的有敦煌千佛洞的《占卜书》和新疆若羌县米兰的军事文件，还有吐鲁番地区吐峪沟发现的写本残卷。

突厥文重要文献的内容主要是可汗及文臣武将的记功碑、墓志铭、宗教性文献和官方记录等。它们对研究突厥、回纥、黠戛斯、突骑施、葛逻禄等我国古代兄弟民族的社会历史及语言文化是十分有价值的资料。特别是属于第二突厥汗国时期的《毗伽可汗碑》、《厥特勒碑》、《暾欲谷碑》，记录了突厥汗国的兴亡史、一些重要人物的生平事迹、重大战役和汗国统治者与唐朝及汗国境内各民族的相互关系，有助于人们更全面地研究突厥汗国的历史。突厥文碑铭和写本在西伯利亚、蒙古、叶尼塞河流域、甘肃、新疆和中亚彼此相连的广大地区都有发现，这些地方均在我国唐朝的疆域之内，其使用时间大约在公元 7 ~ 10 世纪之间。因此，可以得出这样的结论：在公元 7 ~ 10 世纪前后，突厥文在我国北方各兄弟民族中被广泛使用。

突厥文《翁金碑》

焉耆龟兹文使用盛极

　　焉耆——龟兹文是我国新疆古代印欧系居民使用的语言，因发现于新疆焉耆、库车（古称龟兹）等地区而得名。旧称吐火罗文，焉耆文即相当于所谓"吐火罗A"，龟兹文即相当于所谓"吐火罗B"。印欧语言学界依据表示"百"的词将印欧语系诸语言区分为centum和satem两大类：西部印欧语属centum类，东部印欧语属satem类。焉耆语和龟兹语显然是东部印欧语，其"百"字却与西部印欧语相同。因此，使用焉耆——龟兹文的印欧人究竟是从何时何地进入我国新疆定居，并且创造了灿烂的佛教文化和艺术，至今仍是不解之谜。迄今所发现的焉耆——龟兹文文献多为佛经、本生故事、譬喻、戒律、密咒等，此经还有寺院账目、书信、诗文、剧本、字书和医方等，并有书写于木简之上的过所。其主要的为法句经（与梵文对照）、杂阿含经、辨业经、托胎经、十二因缘经、佛所行赞、十庸律比丘戒本、入阿昆达磨论、福力太子本生、须太拿太子本生、国王本生、阿离念弥长者本生、六牙象本生、俱胝童子譬喻、难陀生平剧本、弥勒会见记剧本、本匠故事、渔夫故事、箴言诗麻、梵语——龟兹语词书、龟兹语——回鹘词词书、语音

《弥勒会见记》残片。20世纪初在中国新疆发现了这种语言的残卷，最初定名为吐火罗语，文字定名为吐火罗文。近年的研究证明焉耆、龟兹的语言与吐火罗语不同，于是将吐鲁蕃、焉耆一带出土残卷所代表的方言定名为焉耆语，将库车一带出土残卷所代表的方言定名为龟兹语，文字亦正名为"焉耆——龟兹文"。这种文字使用的字母是印度婆罗米斜体字母，时间可能在公元5~8世纪。

表等。已经公诸于世的文献主要有《吐火罗语遗存》（A 种吐火罗即焉耆文残卷）、《吐火罗语遗存——B 方言》（龟兹文残卷）、《吐火罗语遗存 B》（龟兹文残卷）、《龟兹文残篇》、《龟兹文医方咒语残卷》、《A 种比火罗语文汇》等。焉耆——龟兹文的时代约属于 5~9 世纪。1906 年库车西北一山峡古堡发现的数件使用焉耆——龟兹文书写的木简，是龟兹王苏伐叠（与唐太宗李世民同时代）颁发的过所，这些应当是 7 世纪中叶遗物。

在整理、研究焉耆——龟兹文文献方面，成绩昭著者首推德国学者泽格·泽格林。我国学者季羡林早年即就学德国从事焉耆——龟兹文研究，晚年尤致力于研究焉耆文《弥勒会见记》。

唐代马球运动兴盛

马球是唐代开始流行的一种体育活动，亦称击鞠。其名和汉代的蹴鞠有关，但蹴鞠是步行踢球，击鞠则为纵马击球，和后代的马球有共同之处。此技源于波斯，唐初传入中国。唐代诸帝自太宗始多擅马球，玄宗、宣宗、僖宗尤精此道。上行下效，长安城中达官显贵、纨绔子弟乃至宫中仕女遂马球成风。后世亦久盛不衰，至清代方成绝响。马球规则《宋史》《金史》均有记载。

唐中宗时，"上好击球，由是风俗相尚"。此后王公大臣打球之事屡见不鲜。唐玄宗李隆基爱好走马打球，因皇宫的马房里所饲养的马还不大合意，故寻"通于马经者"，以求良马。唐穆宗因击鞠暴得疾，不见群臣三日。唐敬宗李湛颇爱击鞠，长庆四年（824年）击鞠于中和殿、飞龙院和清思殿，四月在清思殿击鞠时，有个染署工张韶结集染工百余人"匿兵车中若输材者"，进宫为变，结果失败了。此事使敬宗吃惊不小。唐昭宗李晔被朱全忠逼迫迁都洛阳时，六军都已逃散完了，只有"小黄门十数人，打球供奉、内园小儿等二百余人"跟着他去。当时宫中专门从事打马球的人员，除"打球供奉"外，就是上面提到的"球工"，这些人多选自神策军或里闾恶少年，是专陪皇帝打球的。昭宗被迫出都，犹以击球供奉相随，可见平日嗜好击球。

唐代打马球的技艺也是很高超的，表现了这一时期马球运动开展的水平。例如，唐人阎宽所作的《温汤御球赋》里："有聘趪材专工接来。未拂地而还起；乍从空而倒回。"意思是说，有的人专会很快奔驰迎接来球，球还未落地就被击起，忽然间从空中被击回去。张建封的《打球歌》里："俯身仰击复傍击，难于古人左右射。"这是说，弯下身子去，有时用球棍朝上迎击空中飞来

唐代打球群俑。打球群俑是唐代打球情景的真实写照，骑者服饰紧身，手中鞠杖已失，但从击球的种种姿势可以看出，有的击地上球，有的则击空中球等，动作神态均很生动。

的球，有时又要从两侧去击球，这比古人左右开弓射箭的技术还难。《唐语林》说："宣宗弧矢击鞠皆尽其妙。……运鞠于空中连击至数百而马驰不止，迅若流电，二军老手，咸服其能。"上述描写可能有夸张之处，然从中亦可看出当时马球技艺水平是相当高的。

  唐代马球活动在统治阶级的倡导下，在相当范围相当程度上得到了开展，尤其在场地设施的建设，竞赛交流，军队中的开展以及高超的技术水平等方面都是很有成就的。

盛唐金银器多波斯风格

　　盛唐金银器工业在前代基础上有很大发展。大唐盛世政治稳定，经济繁荣，人民生活水平提高，消费水平也相应提高，金银器的普及使用大大促进了制作工艺的发展。

　　盛唐金银器加工技术有销金、拍金、嵌金、镀金、捻金、织金、披金、泥金、镂金、圈金、贴金、裹金、砑金、戗金等14种方法之多，这些金工技

唐银镀金鏊花鱼纹盘。除鱼纹装饰外，盘中尚有造型奇特、形象生动的双鱼戏珠。

唐金花鹦鹉纹提梁银罐

唐鎏金卧龟莲花纹五足彩带银熏炉

术综合运用，使金银器制
作方法非常复杂。这时金
银器主要有碗、杯、盘、
碟、壶、罐、锅、盒、熏
炉、熏球、首饰等，器形
精美，纹样生动。从风格
上看，可以分为两大类型，
一类继承传统，仍然采用
中国传统陶瓷、铜器、漆
器的器形和纹样，具有民
族特色；一类受外国影响，
器形和纹样都受波斯萨珊

唐舞伎八棱金杯

金银器影响，出现了表现西方题材的海兽葡萄纹、打马球纹等。还有一些金
银器是从西方进口的，唐朝工匠从中吸取其长处，融入自己的制作中。

　　北方金银器主要生产于皇家作坊。目前出土的最早金银器是甘肃泾川县
大云寺舍利石函内的金棺银椁及金银钗。金棺和银椁都以锤镍法制成，金棺
以掐丝制成莲花、柿蒂、宝珠、流云、花草等图案，分别嵌以珍珠、石英、
松石等。银椁錾刻阴线缠枝忍冬花枝，茎蔓纤细，卷舒有力，继承了南北朝
工艺品的一些风格。这两件金棺银椁说明唐代仍以掐丝镶嵌作为金细手工艺
的最高目标，它们代表了唐初金银工艺品的较高水平。

　　陕西西安东北郊大明宫东内苑遗址发现了大小银盘和银铤。从大银盘的
纹线图案风格来看，应当是不晚于天宝年间的制品。大银盘为六瓣花口，边
饰曲枝牡丹及花苞纹，盘心隐起回头张口的行狮，阴线处理细部，极为生动。
盘底有铜铸卷叶式三足，造型典雅。

　　1970年西安南郊何家村窖藏出土了大批金银器，共270件，种类丰富。
这批工艺品最能代表盛唐时期金银器风格特点。一个掐丝团花金杯，用掐丝
制成团花和骨朵云形，中间嵌以珍珠、松石等，出土时嵌件虽已脱落，但仍

唐鎏金人物画银坛。唐代人喝茶有放盐的习惯。此为贮盐器。

能想象当时华美精致。又一件舞伎八棱金杯，通体锤錾隐起八个舞伎，构成绚丽多彩的歌舞场面，精湛的技艺、精巧的构思，令人赞叹。另有一件刻花赤金碗，先锤镍成形，再錾隐起的双重花瓣和阴线花纹，金碗敞口撇足，足边缘焊一周联珠。这些器物的装饰面，采用十二瓣划分手法，且多 S 形或 U 形瓣，器底有焊接的装饰圆片，尤其八棱形器物的出现，显然受到萨珊银器工艺的影响，反映了盛唐金银器时代特征。

盛唐金银器种类多样，除饮食器、药具、容器外，还有杂器、宗教用具等，装饰纹多具吉祥祝福之意，如以忍冬、莲花等纹样组成的象征连生贵子、多福多寿的石榴、桃、柿蒂纹等，纹样线条流畅，花繁叶茂，深受波斯工艺品风格影响。

回纥遣使迎公主·回鹘汗国建立

唐贞元三年（787年）十月，回纥派使者到长安迎娶咸安公主。

回纥合骨咄禄可汗屡次派使臣请求和亲，德宗因旧恨不答应。后经宰相李泌劝告，可联合回纥对付吐蕃，德宗在贞元三年（787年）九月十三日，派回纥使者合阙将军回国，答应把女儿咸安公主许配给可汗。

回纥合骨咄禄可汗闻讯后，非常高兴，派他的妹妹骨咄禄毗伽公主与国

回鹘《喜悦公主像》。右侧女供养人的回鹘文名榜字迹清楚，意思是：喜悦公主殿下尊像。

回鹘《供养礼佛图》。画幅上端有垂帐，帐下是榜题栏，用中亚婆罗密字夹用梵文写成。

唐《回鹘贵人像》。设色幡画。上部幡头呈三角形，下端有帛带，幡多悬挂在殿堂或墙上，可以随风飘动，增加佛殿庄严神秘的气氛。该幡系描绘一位回鹘王侯长者，头戴山形冠，衣窄袖长袍，为典型回鹘装束，双手执花，神态虔诚。两侧各有一童子。幡头绘坐佛一尊。

相等1000多人前往长安迎娶。可汗言辞恳切、礼节恭敬，说如果吐蕃与唐作对，回纥一定为唐铲祸患。接着，回纥与吐蕃断绝了关系。

贞元四年（788年）十月十四日，回纥迎亲使者到达长安，德宗批准了可汗将回纥改名为回鹘的请求，二十六日，加封回鹘可汗为长寿天亲可汗。十一月，德宗派刑部尚书关播护送咸安公主前往回纥，并任命他为册回鹘可汗使。

回鹘流散·唐定回鹘

唐开成五年（840年），黠戛斯攻灭回鹘，得到太和公主。他自认为是汉代李陵后裔，和唐同姓，于是派达干等10人护送公主回长安。

回鹘被攻灭后，于第二年二月立乌希特勒为乌介可汗。乌希特勒听说公主将回长安的消息后，率军半途袭击达干一行，劫持太和公主，然后南行屯兵于天德军（今内蒙）境内，在这一带任意用兵，骚扰羌、浑等部落。乌介可汗胁迫太和公主上表，要求唐朝册封纥可汗，并借振武城（今内蒙和林格尔北）安置公主和可汗。会昌元年（841年）十二月，武宗派右金吾大将军王会慰问可汗，并赈济两万斛米安抚军队，赐可汗敕书，让他返回漠南，收复失地，放公主归唐。乌介可汗拒绝了唐朝廷的要求。

会昌二年（842年）三月，回鹘发生内乱。四月，嗢没斯率军投唐，朝廷大行赏赐，封他为左金吾大将军、怀化郡王。五月，卢龙节度使张仲武大破那颉啜率领的回鹘的另一支军队，那颉啜被乌介可汗所杀。八月，乌介可汗率军南下，转战至云州（今山西大同）城下。唐政府派兵增援太原、振武、天德，等待机会驱逐回鹘，并赐可汗书信，命他停止剽掠，返回漠南。同时，武宗召集群臣商议对策，大臣们各抒己见。宰相李德裕认为应趁回鹘用兵已久、力量衰微之时迅速出兵，一举破敌。武宗采纳了李德裕意见，派河东节度使刘沔统一指挥各道兵马，屯兵雁门关（今山西）。

会昌三年（843年）正月，乌介可汗侵逼振武，刘沔派麟州（今陕西神木）刺史石雄等人领3000兵马前去抗击，自己则亲率大军继后。石雄到振武后，秘密派人告诉太和公主战事布署，半夜直攻可汗牙帐，可汗仓惶逃走。

石雄紧追不舍，大破可汗的军队，迎太和公主返唐。

至此，回鹘势力大受打击，唐朝暂时避免了回鹘骚扰。

回鹘王像

吐蕃三州七关来降

唐大中三年（849年）二月，吐蕃秦州、原州、安乐三州及石门等七关（今甘肃宁夏一带）守将因为吐蕃国内战乱不已，前来投降唐朝。

六月，宣宗任命太仆卿陆耽为宣慰使，诏令泾原、灵武、凤翔、邠宁、振武等地出兵应接，分别取原州、安乐州、秦州三州及石门、驿藏、木峡、制胜、六磐、石峡和萧关。至此，三州七关成为唐朝领地。

八月，宣宗下诏征募百姓开垦三州七关土地，5年之内不纳租税；今后凡京城应该流放的罪犯都发配到此；屯驻防守三州七关的将士，如果能耕种经营所守土地，则由政府配给耕牛和种粮；三州七关驻守将士都发给加倍农物军粮，两年轮换；温池（今宁夏中宁东）盐矿由度支管理，赡济边防；在通往中原的道路上建置堡栅，商贩、旅人往来贸易，守关将士子弟通传家信，

唐代吐蕃时期《涅槃经变局部·天龙八部》

各关镇不能阻拦。同时，三州七关军人百姓一千余人来到长安，宣宗亲临延喜门接见河陇军民，众人欢呼跳跃，当即脱去胡服，换穿唐装。围观者也群情高涨，高呼万岁，庆祝收复吐蕃侵占失地。

由于三州七关归降深得民心，朝廷又采取了一系列特殊的开发措施，这一地区经济逐渐发展起来。

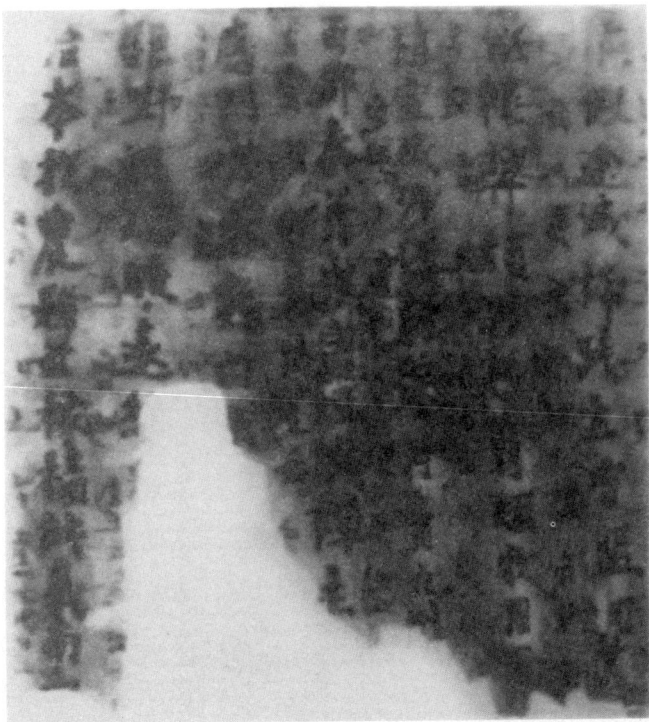

汉、蕃文对照千字文残卷

李仙蕙墓壁画已显盛唐气象

李仙蕙墓壁画画像大小与真人相近，形态生动，富有神韵，线描气脉连贯，流畅浑圆，丝毫没有板滞之感，已显示盛唐气象。

墓主李仙蕙即永泰公主，唐中宗李显之女，字秾辉，嫁武延基为妻，大足元年（701年），17岁时去世。中宗神龙二年（706年），与其夫合葬于乾陵。墓址位于今陕西省乾县北原。

唐女侍壁画

该墓葬分墓道、天井、过洞、甬道、墓室5个部分，全长87.5米。壁画分布在墓道、过洞、甬道和墓室。墓道壁画分东、西两壁，内容为武士仪仗队、青龙、白虎、阙楼城墙、山水、树木。其中武士仪仗队分5组，每组6人、6戟架、2匹马，马伕2人，威武雄壮，是墓主生前仪卫的写照。过洞有5个，1、2、3洞绘有宝相花平棋图案；4、5洞绘有云鹤和宝相花平棋图案。甬道分前、后甬道，壁上绘有人物、花

永泰公主墓女侍壁画。画面构图生动，线条劲健流畅，服饰略施晕染，宫女性格鲜明，是唐墓壁画中的精品。

草、假山和红珊瑚，顶上绘有平棋图案和云鹤。墓室由前、后墓室组成。前墓室顶部绘有星象图，东壁有侍女图 2 幅；南侧有侍女 9 人，手持玉盘、方盒、烛台、扇、高足杯、拂尘、包裹等，表现了墓主生前的奢华生活；北侧绘有手持小盒、烛台等物之侍女 7 人；北壁东、西侧各有侍女 2 人；西壁有侍女 9 人。后墓室绘有男侍和女侍，顶部为星象图。此墓壁画的精妙之作为侍女图。她们虽有队列，但却高低错落，疏密有致，左顾右盼；微笑者有之，沉思者有之，把一群聪明活泼、天真烂漫、美丽可爱的少女描绘得栩栩如生、呼之欲出。

　　李仙蕙墓壁画为陕西唐墓壁画精品，接近盛唐绘画风貌，在中国古代壁画史上占有重要地位。

中原西域乐器结合

隋唐时期，来自西域的重要乐器筚篥和曲项琵琶，逐渐和中原传统乐器融合，在乐队乐器的管、弦两大类中分别占有突出地位，对后世的宫廷音乐和民间音乐都有重大影响。

这些乐器可以作为独奏、重奏和合奏的乐器，也可用于伴奏。今日通行的管子和琵琶（直项），即分别是筚篥和曲项琵琶的后裔。但目前在福建泉州和陕北榆林等地尚可见到曲项琵琶的遗制。

隋唐五代时期，尚未见使用拉弦乐器的记载。宋代陈旸《乐书》中载有奚琴，置隋唐乐器之间叙述，又说它"本胡乐也""至今民间用焉"，似指它是前代以来的乐器，但目前尚缺乏其他史料来证实。唐代诗作等文献中时而可见"胡琴"一词的应用，系泛指胡人乐器曲项琵琶、五弦等，而和自宋代以后出现的拉弦乐器"胡琴"有别。

隋唐五代时期的乐队组织多种多样，不拘一格。隋九部乐、唐十部乐中最重要的乐部清乐、西凉乐和龟兹乐（在西域诸乐部中有代表性）所用的主要乐器具有以下特点：中原传统乐器篪埙、琴、瑟、筑、秦琵琶等，仍保留在清乐中使用，而未被西凉乐、龟兹乐采用。中原传统乐器被西凉乐采用的，有卧箜篌、编钟、编磬。龟兹乐中的重要乐器筚篥类、竖箜篌、五弦琵琶，被西凉乐采用，其他还有贝、铜钹、腰鼓、齐鼓、檐鼓。清乐、西凉乐、龟兹乐共同使用的乐器，除来自西域的曲项琵琶外，中原传统乐器有笙、箫（排箫）、笛、筝类。龟兹乐所用鼓类极多，而清乐、西凉乐所用较少，尤其是清乐，这和音乐的内容、情趣、风格有关。重要节奏性乐器拍板，均未见涉及；但在壁画、浮雕等资料中，它显然在乐队中占有重要地位。

　　唐代"大圣遗音"栗壳色漆琴。此琴为神农式，桐木斫，漆栗壳色间黑色，略有朱漆修补，鹿角灰胎，发蛇腹间牛毛断纹，金徽。龙池上方刻草书"大圣遗音"四字。此琴为安史之乱后所制，四字款当系唐代宫琴的标志。此琴发音清脆，饶有古韵，造型浑厚，别致优美，是传世唐琴中最完好的一件。图为琴的正反面。

清乐、龟兹乐和西凉乐三乐部的乐器构成，大体上可分别代表本时期中原传统乐队、西域乐队和二者混合型乐队。敦煌莫高窟壁画以及出土乐俑、浮雕、线刻绘画等，关于隋唐五代的乐队资料甚多，大体上以接近龟兹乐和西凉乐两种乐队的为多，于此也可见其广泛影响。南唐周文矩《合乐图》甚为细致真实，接近西凉乐乐队，而且还有方响、建鼓，加强了中原传统清乐的色彩。

《唐蕃会盟碑》刻成

唐长庆三年（823 年），《唐蕃会盟碑》在吐蕃逻些城（今拉萨）刻成。

安史之乱以后，吐蕃攻唐 60 多年，致使唐失去大片土地。双方的争战，也使人民深受战争之苦。后来，由于吐蕃发生内乱，国势渐渐衰落，因此就无力攻唐了。长庆元年（821 年）十月，吐蕃派使者祝贺穆宗（李恒）即位，接着又派专使要求会盟，表示和好的诚意。穆宗于是派宰相等大臣与吐蕃使者沦讷罗在长安西郊王会寺前会盟，约定双方各守现有边界，不相侵犯。会盟以后，穆宗派大理卿刘立鼎和沦讷罗一同前往吐蕃。

立于西藏大昭寺门前的唐蕃会盟碑

第二年（822年）四月，唐朝使者刘立鼎到达吐蕃逻些城（今拉萨），五月六日与吐蕃宰相笨阐布等大臣在逻些东哲堆园会盟。事后，吐蕃元帅尚塔藏当着唐朝使臣的面，召集吐蕃东部将领200多人宣读了盟文。

唐蕃会盟以后，双方信使往来频繁。为了表示永远和好的美好愿望，长庆三年（823年），吐蕃在吐蕃逻些城刻成《唐蕃会盟碑》。这座高1丈4尺5寸的会碑，正面用汉、藏两种文字刻写着盟约全文，背面用藏文记述了吐蕃的起源、唐蕃会盟、和亲的经过和立碑的年月等。碑文称："唐朝皇帝与吐蕃赞普舅甥二主，商议社稷如一，结立大和盟约，永无渝替。"这座碑现在仍立于西藏拉萨大昭寺门前，是汉藏两族友好关系的史证。

唐蕃会盟碑现立于西藏拉萨大昭寺。图右为碑的正面（汉蕃文时照），图中、左为碑的侧面。

契丹人与汉族人服装互相影响

辽代的契丹人具有我国古代北方少数民族游牧半游牧的特点，他们的服饰多以圆领、紧身、窄袖、长袍为其主要特点，以适应北方寒冷的气候及骑射为主的生活。他们的服饰也同样具备历来北方一些民族服装中左衽的特点，而与汉族服饰不同。

自辽太宗耶律德光入晋接触到汉族中原地区的衣冠制度后，便参照中原汉族衣冠制度制定了本朝的国服与汉服制度。本国的北面契丹官员与太后用

五代胡瑰《卓歇图》（部分）。描写契丹人歇息饮宴的情景。从中可见契丹人的服饰。

本朝的国服，本国南面的汉族官员与皇帝用汉族服饰。辽景宗耶律贤乾亨以后，北面的三品以上高级官员也开始着汉族服饰。到了辽兴宗耶律宗真的重熙以后，南北都用汉族服饰。汉族服饰对契丹人的影响之大足可一见。

契丹人服饰多种多样，色彩鲜艳。其中国服就分为许多不同种类，有祭服、朝服、公服、常服、田猎服等，而国服中的常服与田猎服则是契丹人的民族服饰。契丹人的常服为绿花窄袍，有钱人家附披貂裘以示高贵，而貂裘又以颜色分贵贱，紫黑色为贵，青色则次之。贫民家庭则穿貂毛、羊、鼠、沙狐裘，脚上穿不同种类的皮靴。妇女着袍或团衫与裙。以上所有衣服均左衽。

从契丹人官员着汉服来看，汉族服饰对契丹人服饰的影响是极大的，但这种民族间的服饰影响不是单向的，而是双向甚至多向的。汉族人的服装亦毋容置疑地受到契丹人服饰的影响。

辽五朝辖境内的燕云地区是汉人为主的地区，其服饰受契丹人的影响是自然的。《栾城集》第 16 卷中就有苏辙描述燕山地区汉人服饰变化的诗句。"汉人向年被流徙，衣服渐变存语言"，"哀哉汉唐余，左衽今已半"。

契丹服饰通过辖境内的汉人影响并传到了宋朝境内，宋仁宗庆历、宋徽宗政和、宣和年多次禁止"胡服"。

契丹人与汉人服饰的互相影响，丰富了各民族人民的经济文化生活，加速了民族大融合的进程，这是一种历史的进步。

陈桥兵变赵宋代周

北宋建隆元年（960 年）正月，赵匡胤在陈桥驿发动兵变，夺取（后）周政权，建立了宋朝。

（后）周世宗病逝后，他年仅 7 岁的幼子宗训（即周恭帝）继位。由于皇帝年幼，无法管理政事，国家政局动荡不稳。

涿州（今河北涿县）人赵匡胤（927 年—976 年），从前多次跟从周世宗征伐，掌握了禁军统帅大权，怀有废帝自立的野心。

后周显德七年、建隆元年（960 年）正月初一，镇（今河北正定）、定（今河北定县）两州快马奏报（北）汉与契丹合兵来攻，宰相范质匆忙派赵匡胤率兵北上抵御。

正月初三，赵匡胤率大军出发。军校茵训制造舆论，说他看见太阳下面还有一个太阳。当天夜里，大军驻扎在陈桥驿（今河南开封市东北），将士们已有"不如先立点检为天子，然后再向北进军"的议论。

次日黎明，赵匡义和赵普带

北宋文臣之像，注重大体积表现而不拘细节，以及外部形象和精神状态相统一，突出文臣深谋远虑的特征，是以往文臣像所不及。

着各位将领径直去见赵匡胤，要拥戴他为天子，并把黄袍披到他的身上，扶赵匡胤上马，回师京城。

初五日，大军进入开封。太平军节度使、同平章事、侍卫马步军副都指挥使韩通从宫中逃出，准备抵抗而被杀。宰相范质、王溥迫于威势，以臣礼拜见赵匡胤。恭帝被迫禅位。

赵匡胤轻易夺取了（后）周政权，登上了帝位，史称宋太祖。他改国号为"宋"，改年号为"建隆"，仍建都于开封。

宋灭南唐·李煜去世

北宋开宝八年（975 年）十一月，宋将曹彬攻破江宁，南唐后主李煜率臣僚出降，割据江南的南唐政权被攻灭。

宋平定南汉后，南唐后主李煜为维护其统治，主动改国号为"江南"，减损编制，对宋称臣。而暗中却招兵买马，积蓄势力，积极备战。宋太祖早有所察觉。开宝七年九月，宋太祖派曹彬等率兵赴荆南，准备伐南唐，因师出无名，命人招李煜入朝。李煜便称病不去。

宋以李煜拒命不朝为借口，发兵分路进攻南唐。南唐军队不战自溃，主将朱令斌慌忙间投火自尽。

李煜陷身孤城，又无援兵，只得再派徐铉、周惟简出使汴京，向宋求和。宋太祖在便殿召见了使者，徐铉道："李煜因病不朝，不是敢违抗圣旨，请罢兵以拯救一邦之命。"太祖道："朕已晓谕将帅，不得妄杀一人。"徐铉还要辩解，太祖大怒，拔剑道："休要多言！江南有什么大罪，但天下一家，卧榻之侧，岂容他人鼾睡！"徐铉慌忙退下。太祖又责问周惟简，周惟简道："臣本隐居山野，不愿奔波仕途，李煜硬逼臣来。"太祖遂厚赐二人，遣归江南。

宋军攻陷了江南诸州，唯剩江宁一座孤城，曹彬几次派人督促李煜出降，李煜为左右所惑，犹豫不决。后来大军攻入城中，曹彬将李煜及一批南唐重臣四十余人押回汴京。南唐政权结束。

太平兴国三年（978 年），做了三年阶下之囚的南唐后主李煜心怀故国，忧愤而死，年仅 42 岁。

宋平北汉·五代十国结束

太平兴国四年（979 年）五月，宋太宗赵光义亲临太原城下，督诸将四面攻城，北汉主刘继元在孤城无援、众叛亲离的情况下，被迫奉表出降，北汉灭亡。五代十国的长期分裂割据局面自此结束。

早在宋太祖赵匡胤在位时，就曾于开宝元年、二年、九年三次发兵攻打北汉。北汉向辽求救，辽军来援，宋军屯兵太原城下，久攻不克，只得班师而回。北汉刘氏割据政权依附于辽朝，仗着契丹兵相助，有恃无恐，时常侵犯边境州军。赵光义继位后，经过充分准备，再次攻汉。

太平兴国四年正月，宋太宗派大将潘美等分路出兵，围攻太原。其后，太宗又亲赴前线督师。三月，云州观察使郭进破北汉西龙门砦，擒敌无数。北汉主刘继元忙派使节向辽求援。辽景宗命宰相耶律沙为都统，冀王塔尔为监军率军赴援。三月，辽军到达白马岭，前面为一条大河，宋将郭进驻扎在河的对岸待敌。耶律沙等将领认为应等待后军，再与宋军决战，而塔尔认为应率先锋一鼓作气急击宋军，耶律沙力谏不听，塔尔急急躁躁地率军渡河进攻宋军。辽军刚渡到一半，忽听到鼓声大作，郭进率精锐骑兵奋力出击，辽军大败。塔尔及许多将帅阵亡。耶律沙等也立即被冲杀过来的宋兵包围，恰好后军赶上接应，才击退宋军。白马岭一战，辽援军损失惨重。

在太原，宋军也连克孟县、隆州、岚州，剪除太原附近的羽翼，太原城成了孤城一座。宋太宗又一次亲临太原城下，诏谕刘继元投降，刘继元作困兽之斗，没有放弃，于是太宗命宋军发机石攻城。五月，破太原西南羊马城，又移师城南，继续攻城。北汉外绝援军、内乏粮草，军心动摇。刘继元欲战无力，只得出降。北汉遂平，宋朝得到了十州四十县。

宋瓦市勾栏流行

瓦市是宋代大城市里娱乐场所的集中地，又叫瓦舍、瓦肆。勾栏是宋、元时戏曲及其他伎艺在城市中的主要演出场所，也叫勾阑、构栏。瓦市勾栏的出现，在我国文艺发展史上具有重大意义，使戏剧及新兴文艺有了固定的演出阵地。

北宋时的瓦市内设酒家荣肆，与青楼妓馆连属，百行麇集。南宋时，瓦市还能印行说话底本与歌曲小令。瓦市内搭有许多棚，棚内设有若干勾栏，数目不等。汴京（今开封）桑家瓦、中瓦、里瓦设大小勾栏 50 余座，演出杂剧及讲史、诸宫调、傀儡戏、影戏及杂技等各种伎艺，可容纳观众数千人，各种伎艺几乎都有自己的专用勾栏。勾栏内设有戏台和观众席。戏台高出地面，台前两端及左右两侧设置栏杆。戏台的前面为表演的地方，后面是休息、化妆场所，前后台之间用屏风之类的东西隔开。

两宋京师瓦舍勾栏均受官方辖制。绍兴间，因为许多军队官兵都驻扎在城外面，于是就建立瓦舍，设妓馆，作为他们的娱戏地方，许多富家子弟和平民阶层也到此寻欢作乐。

瓦舍勾栏使戏剧及其他伎艺集于一地，互相交流与提高，促进了戏剧的形成与发展，适应城市商品经济的发展及人民的需求，是戏剧成熟的重要标志之一。

宋租佃关系主宰农村

宋代以前农村的社会关系是以庄园制度、农奴制度为主。到了宋代，一种进步的制度取代它们而占主导地位，这就是租佃制度。

宋代租佃制度的主导地位，是由于生产力的发展促使土地所有制新格局的形成而得以确立的。鼓励和支持私人对土地的占有，允许土地自由买卖，原则上不限制个人占有土地的数量，对土地兼并采取放任态度。有钱人便把土地作为财富增值的可靠手段，竞相购买土地。各地都有一些拥有巨额土地的大地主，如北宋太宗时官员麻希梦有"美田数百顷"。徽宗时佞臣朱勔，有田3000顷。并且由于宋朝废除了世卿世禄制，官僚地主普遍是三世后衰，土地所有权频繁转移，相互兼并。其结果是"富者连阡陌，贫者无立锥之地"的两极分化。

土地所有制的这种结构，使得农村形成了地主阶级和佃农这两大主要阶级。地主阶级约占农村总人口的5%，而拥有的土地却占全部耕地面积的半数以上。这些地主自己饱食终日，却完全脱离生产，他们以地租收入为主要经济来源，称之为租佃地主，与前代农奴主对农奴有人身隶属关系不同，他们对佃农的经营很少干预，只是对佃农进行经济剥削。佃农是农村客户的主要部分，约占农村总户数的三分之一，在某些地区占总户数的一半以上。佃农没有自己的土地，其他生产资料往往也不齐备，这些都需要向租佃地主租用，他们只能取得土地上收获物的半数以下，生活困苦。佃农与地主大体是一种契约关系，佃户可以选择地主，地主也可以更换佃户，他们间的关系不是很稳定。

农村社会中也有自耕农、半自耕农。自耕农耕种自己私有的土地，同时部分租佃地主土地者称半自耕农。自耕农、半自耕农是一个极不稳定的社会阶层。灾荒、疾疫、事故等都可能使他们贫困至丧失土地而沦为佃农或无业游民。另外，沉重的赋税和徭役也常常使他们破产。因此他们实质上是佃农的"后备军"。

宋代的租佃制度在当时的历史条件下，是一种进步制度。在租佃制度下，佃户尽管有沉重的负担，但他们基本上摆脱了地主对生产过程的粗暴干涉，获得了经营自主权，不再在地主的直接监视和鞭打下从事生产，与农奴比，佃户生产的积极性显然要高得多，因而对社会生产力的发展有促进作用。租佃关系反映佃户在宋代的法律地位上较农奴有显著的提高。北宋初法律规定，地主打死佃户，将判死刑。宋代地主与佃户之间的主仆关系是临时性的，即只有存在租佃的契约时才存在，契约一旦解除，主仆关系就随之消失。

宋代租佃地主与佃户之间的关系主要是一种契约关系，这种契约关系基本内容主要包括两方面：一是租佃的土地具体位置及数量，二是地租偿纳方式和数量。地租主要有分成租、定额租两类，以分成租最为流行，其中又以主佃各半的对半分最为常见。田租征收以实物为主。

宋代租佃关系的产生，适应了社会生产力的发展，主宰着当时农村社会，形成了典型的封建社会的生产方式，是社会历史进步的一个表现。

宋铜钱鼎盛

江西龙虎山天师府法印，是道教世代相传的法印。图为金代"阳平绍都功印"。

宋代是中国历史上铜钱铸造量最大的时期，铜钱鼎盛起来。

宋代主币铜钱的币材是铜铅锡，随着铜钱的大量铸造，相应地，铜铅锡的开采和冶炼都远远地超过了前代。元、明两代和清代大部分时间里的铜铅锡年产量也都未能赶上宋代，铜铅锡的大规模开采和冶炼，反过来又促进了铜钱的盛行。

宋代最重要的铜产地有韵州岑水场（今广东翁源境内）、信州铅山场（今江西铅山境内）、潭州永兴场（今湖南浏阳境内）等。岑水场和铅山场采矿、冶炼的工人最多时均达到10万人以上，产铜最多的年产量曾达数百万斤。永兴场规模稍微小于岑水、铅山场，但是产铜最多年产量也超过了200万斤。这三场同时又是胆铜重要产地，年生产能力各曾达数十万斤。

宋代未有统一的铜铸币制度，皇帝每改一次年号，都要铸新币，造成宋币名类繁多。如"宋元通宝"、"大观通宝"、"崇宁通宝"、"重和通宝"、"淳熙元宝"等。

　　宋朝铜的大规模开采和冶炼，也使两宋私造铜器现象严重。宋朝实行铜禁，即严禁私人铸造铜器及贩运铜器出境，凡是民间所需铜器，按规定一律向官方开办的铜作务购买。但是，民间造铜器禁而不止，有些地方如北宋的太原府等均能制造精美铜器，并且还将不少铜制器远销海外各国。

　　宋代，除了主币铜钱外，还有重要辅币——银。银矿在宋朝也得到大规模开采，银产量随之增加，银作为铜钱的补充，在人民生活中广泛应用。

宋磁州窑代表民间陶瓷技艺

　　磁州窑是宋代北方民间瓷窑之一，以釉下彩绘著称。其产品纯供邻近地区民间使用，针对购买力不同的消费对象，磁州窑产品主要分为两类：一类是质量较差、价格较低的粗瓷；一类是质量较高、加工较细或艺术性较强的瓷器。磁州窑以后者驰名于当时，这类磁瓷畅销北方广大地区，并对南方地区一些瓷窑产生较大影响，形成了以磁州窑为首的磁州窑体系。

　　宋瓷以单色釉瓷（青瓷、白瓷、黑瓷）为主流，釉下彩绘影响虽不及单色釉瓷大，但也在唐代的基础上向前发展了一步，为我国瓷器由单色瓷为主向彩绘瓷发展打下了基础。磁州窑之所以能够成为宋代北方民间瓷窑的代表，首先在于它烧出了具有浓郁的民间生活气息的釉下彩绘，这是磁州窑的代表

宋代瓷枕

产品。磁州窑的工匠们深谙艺术来源于生活的道理，有意识地把当时当地人的日常生活中喜闻乐见的事物，予以艺术的概括，用纯熟而又简练的笔墨在瓷坯上加以表现。面对这类瓷器，人们不仅对装饰题材倍感亲切，而且还获得了艺术享受。其次，磁州窑装饰手法多种多样，在北方民间磁窑中可谓首屈一指，其以釉下彩绘为代表的装饰风格新颖独特，极大地丰富了宋代瓷器的装饰艺术，把我国陶瓷工艺引入了新的境地。

磁州窑釉下彩装饰手法极为丰富，以白地釉下黑花最具代表性，还有白地赭花、黄地黑花、绿地黑花、剔花、划花、点彩、珍珠地等十多种，图案多为花草、鸟兽及反映当时生活风俗的人物小品，如马戏图、戏熊图、钓鱼图、婴戏图、蹴球图、莲塘赶鸭图，还有诗句书法等，构图丰满，线条流畅，气势磅礴，意趣横生，充分体现了民间艺术朴实健康、生机勃勃的情趣，同时也触发了宋代文人写意画的灵感，是中国陶瓷史上的一朵奇葩。

除烧釉下彩外，磁州窑还创烧出了中国最早的釉上彩，即红绿彩，在白瓷釉上用红、绿等色彩彩绘，再经低温烧

磁州窑梅瓶

制即成红绿彩。釉上彩多画花鸟虫鱼，寥寥数笔，色彩浓艳，也颇具民间艺术生动活泼、自由奔放的风味。宋代红绿彩开中国瓷器釉上彩绘之先河，为明清釉上五彩发展做好了准备。

磁州窑瓷器流传下来的比较多，也极为珍贵。如河北省出土的钓鱼枕，画面着墨不多，但生活情趣盎然，非常惹人喜爱。画面突出一男孩执竿垂钓，两鱼正争食鱼饵，男孩儿聚精会神，双目凝视，准备扬竿提线；水面只画三条水波，显示出河水的平静；河边地上点缀几丛野草，笔墨不多，却形神毕肖，由此可见画师高超的绘画水平。这件磁枕以娴熟的艺术技巧，运用先进的彩釉技术来表现浓厚的生活情趣，正是磁州窑瓷器典型风格的代表作。

磁州窑瓷器民间色彩浓郁，虽然一直不为士大夫阶层赏识，宋代文献对它甚至只字不提，一直到明代初期才有记载，但其在中国陶瓷史上的地位和影响都是客观存在的。

宋代货币虚实理论和纸币称提理论产生并发展

随着商品货币经济的进一步发展，宋代产生并发展了货币虚实理论和纸币称提理论，从而进一步丰富和发展了中国古代的货币思想，并对后世封建王朝管理货币经济产生很大的影响。货币虚实理论主要包括两方面内容：货币与商品的关系以及流通界内不同种类或性质的货币之间的关系。在货币和商品的关系上，北宋学者们注意到货币的特殊使用价值，如张方平称货币"以无用而成有用"，周行己则予以进一步阐发："钱以无用为用，物以有用为用"，即是说，货币没有普通商品的使用价值，但由于它作为一般的交换手段和交换价值的负荷者，因此具有特殊的使用价值。正是在"用"这个意义上，"实"（商品）与"虚"（货币）才具有等一性。在货币虚实理论方面，他比西汉理财家桑弘羊提出了更为明确的"物为实而钱为虚"的学说。在流通界内不同种类或性质货币之间的关系上，早在唐代安史之乱时，人们运用虚实概念解释市场上流通的不同种类的铜钱，并称足值铜钱为"实钱"，不足值铜钱为"虚钱"。宋代出现纸币后，人们又使用虚实概念说明不同性质的货币，大多以铜钱为"实钱"，纸币为"虚钱"。南宋滥发纸币引起币值大幅下降后，人民争相藏匿铜钱，纸币充斥市场。针对这一现象，学者杨冠卿以货币实体的自然属性作为区分铜钱与纸币的基本标准，最先运用虚实概念解释铜钱与纸币的关系，并提出了钱楮实虚理论，赞成实行可兑换纸币制度，采取"钱楮各半"的输纳方法收回市场上发行过多的纸币，以恢复纸币的原有价值。江西提举袁燮更进一步提出"虚与实相当，可以散，亦可以敛，是谓之权"的虚实相权学说，强调纸币的可兑换性。货币虚实理论对清代学者提出"以实驭虚"和"以实运虚"学说具有启迪作用。

"称提"一词是宋代产生的一个货币术语，有"权衡"之意，即借助纸币的可兑换性保持其名义价值与真实价值相符合，从广义上讲有管理之意。它最初并不限于专门分析纸币，也用于分析市场流通的铁钱不断贬值的现象。北宋末年周行已在提议推广"交子"时，将"称提"概念用于说明纸币流通现象。南宋时期随着纸币的迅速推广，特别是从十三世纪起，最主要的纸币"会子"通货膨胀严重，朝野各界人士对维持纸币制度十分关心，广泛使用了"称提"一词并提出了许多"称提之术"或"称提之策"，这样，"称提"一词便成为一个解释纸币流通的专门术语。"称提之术"或"称提之策"是以纸币"少则重，多则轻"的货币数量论为理论基础，其主要内容是指利用纸币的可兑换性，以金属或实物如钱、银、绢和官诰等作为纸币发行准备金，收兑流通中过多发行的纸币，从而使贬值的纸币恢复原来的价值，维持币值的稳定。如袁燮就提出纸币"贱而后收"的措施，要求政府用一定的现金准备作为收兑纸币的基金，以保持币值的稳定和纸币的流通。元明时期由于实行纸币不兑换制度，"称提"被理解为新旧纸币之间的兑换。

西夏行宋历

　　史籍中多处记载宋朝向西夏颁赐历法，如北宋元祐四年（1089 年）哲宗向西夏颁历诏书中说："赐夏国主，迎日推策，校疏密于一周。钦象授时，纪便程于四序。眷言候服，作我翰垣。爰锡小正之书，俾兴嗣岁之务，布宣于下，共袭其祥。今赐卿元祐五年历日一卷，至可领也（《西夏纪》卷一九）。"甘肃武威出土的西夏历书残页和黑水城遗址发现的墨书西夏文、汉文并置历书残页，可知是 1145 年和 1047 年的历法。历书中 24 节气的配置与中原阴历 24 节气表完全符合。

　　以游牧为生的早期党项人不知历法，只是"候草木以记岁时"（《隋书·党项传》）。在内迁以后，逐渐学会了农耕，天文历法也因此变得日益重要。北宋景德四年（1007 年）十月，李德明向宋朝请历，宋颁赐《仪天历》；宋乾兴元年（1022 年），宋又赐李德明《仪天具注历》。西夏建国后，1045 年 10 月，西夏开始行宋朝所赐《崇天万年历》。其后，宋朝每年孟冬将下一年历法颁施西夏，定为常例，后因西夏归附金朝，从正德六年（1132 年）起，宋朝不再向西夏颁赐历法。

辽乐府繁盛

乐府，本是汉代专门掌管音乐的官署名称，由乐府机关所编录和演奏的诗辞则称为"歌诗"。魏晋六朝时人开始把这些歌诗称为"乐府"或"乐府诗"。这些入乐的歌辞独立成类，区别于讽诵吟咏的徒诗，即"乐府"与"古诗"相对并举。在文学史上，乐府还指魏晋以后的历代作家仿乐府旧题而立新意的歌辞，或题与意俱为新作的歌辞。

辽代乐府多为鼓吹乐，又名短箫铙歌乐，史称仅圣宗就制作了百余首。但今存数量不多，内容多是颂圣，风格趋于典雅凝重，文学价值不高。除此之外，辽代乐府也包括一些民歌作品，相较而言，民歌更通俗流畅，反映了人民群众的思想感情和文学创作能力。如《国人谚》直斥统治者误国误民，寓愤怒之情于调侃，表达了对统治者的蔑视。辽代乐府民歌流传广泛，为人民群众所喜闻乐见。

辽代写诗的多是帝王重臣。另外有一些诗人也名噪一时，其中尤以汉族诗人为多，他们或者参与唱和，或者自感身世，可惜作品大都湮没无传。从现存作品看，汉族诗人的水平显见高于辽人，技法很娴熟。由于汉、辽诗人的贡献，辽代乐府既保持了强悍质朴的民族风格，也吸收了中原诗歌流派的特色，在中国文学史上有自己的一席之地，但总的说，辽乐府的水平未得到充分的发展。

辽人金银器仿唐风格

辽代金银器制作业十分发达，内蒙古、辽宁、吉林、河北都有重要发现。不过辽人金银器工艺与汉族工匠有着密切关系，《辽史·食货志下》说，耶律阿保机南掠"幽蓟，师还，次山麓，得银铁矿，令置冶"。又说他俘虏蔚县汉人，在中京道泽州，"立寨居之，采炼陷何银冶"。由此可见，辽代金工是在唐宋影响下产生与发展的，而唐的影响尤著。

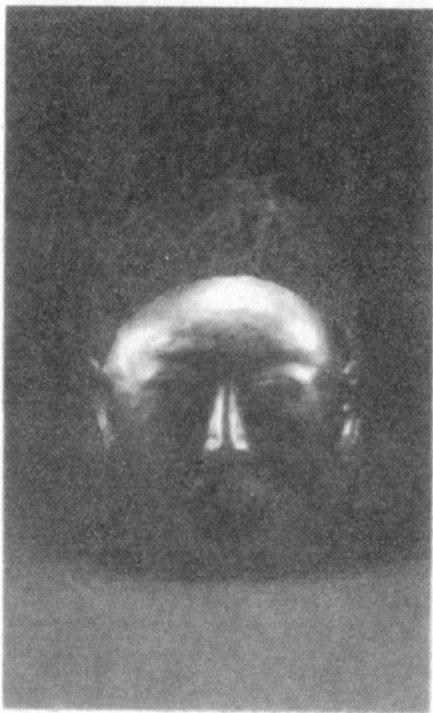

契丹人的随葬品覆金面具

辽人金银器品种较为多样，金器有金冠、金镯、金耳饰等，银器有壶、碗、杯、盘、碟、匙、箸、面具、鞍饰、带饰等。这些金属器物一方面继承汉族金工传统技艺（主要是唐代成熟而先进的金工技术），一方面又体现了契丹特点，是用汉族先进技术，创作契丹民族工艺。如内蒙古赤峰洞后村出土的两件鱼龙提梁壶和一件银鸡冠壶，前者模仿唐代银器，后者虽为契丹民族形制，但蹲鹿、石、草等组合图案，又是从唐代移植而来，且其纹样饱满精致，并衬有珍珠地，与唐代金银器很相似。

内蒙古敖汉旗李家营子辽墓出

土了人首银执壶、猎豹纹鎏金银盘、椭圆银杯、小银壶、錾花透雕金带饰等，其人首银执壶具有伊朗萨珊朝风格，猎豹纹鎏金银盘和錾花透雕金带饰则具有唐代遗韵。

辽宁建平张家营子出土了二龙戏珠鎏金银冠、凤形金耳饰、金镯、银花、涂金錾花银鞍饰、银鎏金马具等，建平石米碌科出土了银匕、錾花金手镯、鱼形金耳饰、金坠等，新民巴图营子出土了人物鱼舟金簪。

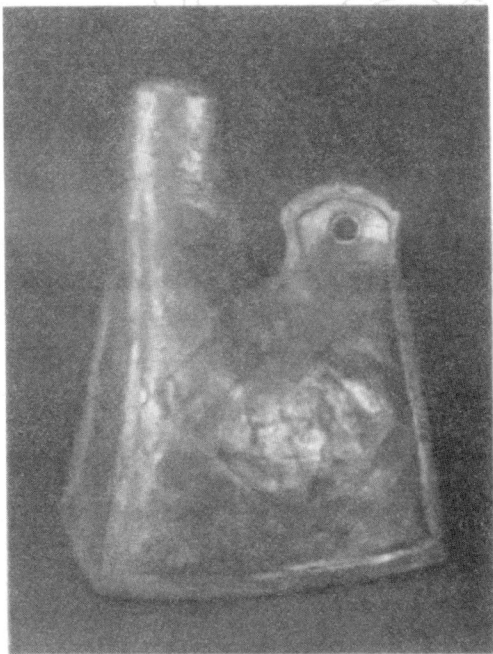

这些金银器为辽境工匠所制，做工和图案仿唐制，但地方

内蒙古赤峰出土的鎏金银鸡冠壶

民族色彩已很浓厚。凡凤凰、孔雀等禽类纹饰都与鹫相似，眼神凶恶，钩喙尖锐，爪尖锋利，反映了契丹人在长期的狩猎生活中对鹫的一种偏爱。同时，契丹作为北方游牧民族，又非常擅长马具兵器的制作，宋太平老人著的《袖中锦》上说，"契丹鞍"与宋朝名产蜀锦、定、浙漆等并称为天下第一。

辽国马具涂金装银，常作为珍贵礼品，赠送友邦。赤峰辽驸马卫国王墓就出土有鎏金银鞍，上饰有精细的花草纹和龙凤纹，锤镂鎏金，精美绝伦，确是一件金工杰作。

总之，辽人金银器制作业在仿效唐宋的基础上，结合自己的民族特点，制造出了许多为后人称颂的传世精品，其整体的发展趋势表现为一种汉化的倾向，这是和当时时代变化的总趋势分不开的。

元官窑受伊斯兰风格影响

钧釉花口双耳驼座瓶

宋代的六大窑系原为一半官窑、一半民窑，元以后，全部转变为民窑，这样，元朝的官窑就以景德镇为主体了。元代景德镇官窑受到西亚伊斯兰教地区风格的影响，与民窑开始分道扬镳，走上了各自不同的发展道路，为后世官窑、民窑泾渭分明风格的形成打下了基础。

元代官窑受伊斯兰风格影响的原因有二：一是蒙古人重视工艺。重视工匠，在战争中搜罗了各地工匠。西征时带回的大批西亚工匠，被编入官营作坊，并将其作为骨干，令其传授技艺。发达的伊斯兰工艺技术（包括陶瓷、金工等）使元代工艺美术出现了新成就，尤其是导致了陶瓷工业的巨大进步。二是元统治者为充分体现封建等级制度，对民间作坊在器形、纹样、色彩、质地上加以严格限制，种种禁忌与商品规律的共同作用，将民窑推上了不同于官窑的发展轨道，使其很少受到外来因素的影响。

在彩釉的创制方面，青花的成熟并成为元代陶瓷的代表，是深受伊斯兰风格影响的结果。由于西亚盛产钴料，这些地区很早就知道用它来装饰陶器，公元9世纪已经出现了青花、唐三彩。元青花所用的钴料都是从这些地区进口的。元中期创制出中国青花以后，技术水平远远超过了这些地区原有水平，因而大量返销，反而影响着伊斯兰地区的青花瓷器的生产，钴蓝釉的产生也是这一影响的结果。釉里红的出现以及铜红釉的产生很可能是受西亚伊斯兰拉斯塔彩影响和启发后创制的。这些彩釉的创制，彻底改变了中国原无红彩、蓝彩的局面，使中国陶瓷的色彩更加丰富而鲜艳明丽。

《大元大一统志》编成

元大德七年（1303 年）三月，《大元大一统志》编成。

元朝统一中国后，版图疆域之广阔前所未有。前朝的地理图志已显落后。元世祖遂于至元二十三年（1286 年）命扎马剌丁、虞应龙等编纂元朝地理总志，于三十一年（1294 年）完成初稿 755 卷。后又有《云南图志》、《甘肃图志》、《辽阳图志》，由孛兰肹、岳铉等主持重修，于大德七年（1303 年）三月完成，共 600 册，1300 卷，定名为《大元大一统志》。此后多年该书藏于秘府，未曾刊行。直到顺帝至正六年（1346 年）始由杭州刊刻颁行。

《大元大一统志》继承前朝舆地图志成例，所记路、府、州、县事，分为建置沿革、坊郭乡镇、里至、山川、土产、风俗形势、古迹、宦迹、人物、仙释等部门，所引资料，江南各行省大多取材于南宋的《舆地纪胜》等旧志；北方诸省则取自唐《元和郡县图志》、宋《太平寰宇记》等旧志；边远地区的材料主要来自当时新编的云南、甘肃、辽阳图志等。

《大元大一统志》内容广泛，叙事详备，是中国古代最大的全国地理总志。该书已散佚，只存赵万里辑本 10 卷。